AF310684

LES MACHINES A VAPEUR

INFLUENCE THERMIQUE DES PAROIS DES CYLINDRES
VÉRITABLE RÔLE DES CHEMISES DE VAPEUR, DE LA SURCHAUFFE
ET DU FONCTIONNEMENT AU WOOLF
APPRÉCIATIONS DIVERSES DE LA DÉPENSE DE VAPEUR
EXPRESSION ANALYTIQUE DU RENDEMENT CALORIFIQUE

PAR A. LEDIEU,

CORRESPONDANT DE L'INSTITUT
PRIX EXTRAORDINAIRE DE L'ACADÉMIE DES SCIENCES

PARIS

DUNOD, ÉDITEUR

LIBRAIRE DES CORPS NATIONAUX DES PONTS ET CHAUSSÉES, DES MINES
ET DES TÉLÉGRAPHES
Quai des Augustins, 49

1881

ÉTUDE

DE

THERMODYNAMIQUE

EXPÉRIMENTALE

SUR

LES MACHINES A VAPEUR

INFLUENCE THERMIQUE DES PAROIS DES CYLINDRES ;
VÉRITABLE RÔLE DES CHEMISES DE VAPEUR, DE LA SURCHAUFFE
ET DU FONCTIONNEMENT AU WOOLF ;
APPRÉCIATIONS DIVERSES DE LA DÉPENSE DE VAPEUR ;
EXPRESSION ANALYTIQUE DU RENDEMENT CALORIFIQUE.

PAR A. LEDIEU,

CORRESPONDANT DE L'INSTITUT,
PRIX EXTRAORDINAIRE DE L'ACADÉMIE DES SCIENCES.

PARIS

DUNOD, ÉDITEUR

LIBRAIRE DES CORPS NATIONAUX DES PONTS ET CHAUSSÉES, DES MINES
ET DES TÉLÉGRAPHES
Quai des Augustins, 49

1881

PARIS. — IMPRIMERIE ARNOUS DE RIVIÈRE
26, RUE RACINE, 26

TABLE DES MATIÈRES

FIN DE LA TABLE DES MATIÈRES.

§ 1ᵉʳ. — Influence thermique des parois des cylindres dans les machines à vapeur; rôle des chemises de vapeur, de la surchauffe et du fonctionnement au Woolf.

Nº I. Exposé de l'état de la question. — La question dont il s'agit est devenue capitale pour l'établissement rationnel d'une nouvelle théorie expérimentale des machines à vapeur, et pour mettre un terme aux véritables hérésies qui se sont professées partout jusqu'ici sur le jeu de ces machines. Elle est longtemps demeurée complètement inaperçue. Il y a plus de vingt-cinq ans, Combes, puis l'amiral Pâris, M. Hirn, M. Reech, MM. Lechatelier, Flachat, Petiet et Polonceau, commencèrent à signaler l'influence thermique des parois des cylindres sur le travail de la vapeur; mais ces savants ne précisèrent pas en détail ni avec exactitude le mode de cette influence. A mesure que la thermodynamique s'affirmait et prenait de plus en plus d'essor, on aurait pu croire que la question allait faire immédiatement l'objet d'études spéciales, au point de vue tant expérimental qu'analytique. Il n'en fut rien.

Clausius et Zeuner, et beaucoup d'autres après eux, se confinèrent dans des idées abstraites, qui les tinrent écartés de la réalité. Verdet prit même, dans sa *Théorie mécanique de la chaleur* (1868), la question à rebours. Il admit qu'il se produisait des condensations pendant la détente, ainsi que cela correspond au cas *théorique* de l'expansion *adiabatique* de la vapeur d'eau ayant moins de 30 p. 100 d'humidité (voir fin du nº 7, *Nouv. mach. Marines*); or, à cause de l'intervention calorifique inévitable des parois du cylindre, c'est au contraire une vaporisation qui a lieu presque exclusivement *en pratique* durant l'expansion (voir nº III ci-après); et qui provient de l'eau se formant en principe dans le cylindre pendant la période d'admission. Tout en s'étant trompé sur l'origine même de cette eau, Verdet aurait pu néanmoins apprécier sainement les effets réfrigérents considérables qui en résultent, pendant la communication du cylindre avec le condenseur. Mais il se contenta de mentionner l'accroissement de déperdition de chaleur *externe*, c'est-à-dire à travers les parois du cylindre, que la présence de l'eau tend à produire, en raison de ce qu'un mélange de liquide et de vapeur est bien meilleur conducteur du calorique que de la vapeur sèche : c'était prendre même ce point de la question par sa très petite face, et négliger le point capital. De son côté, Combes, dans sa *Théorie mécanique de la chaleur*

(1867), se borne à dire que l'utilité de maintenir, à l'aide de chemises de vapeur, les cylindres à la température de la chaudière, s'explique par l'avantage de prévenir les refroidissements qu'éprouvent les parois de ce récipient pendant la détente et l'évacuation, et, par suite, d'éviter la liquéfaction que subit, pendant l'admission sous l'influence de ces refroidissements, une portion de la vapeur arrivant de la chaudière. Cette énonciation est en partie conforme aux résultats des expériences mentionnées ci-après, entreprises pour élucider la question. Mais aucun développement subsidiaire ne vient la compléter. De plus, on retrouve, quelques lignes plus haut, l'idée *pratiquement* fausse de Verdet sur les condensations de la vapeur pendant la détente.

M. Audenet dans sa brochure sur la *Consommation de combustible des machines marines* (1868), M. Mallet dans son *Étude sur les nouvelles machines marines* (1873), et M. Pochet dans sa *Mécanique industrielle* (1874) ont abordé le sujet plus à fond et d'une manière correcte. Mais, somme toute, la question ne se trouve encore là qu'ébauchée. — Le Cours de machines de M. Callon (1875) renferme aussi une exposition assez explicite de la question. Malheureusement, on y retrouve l'idée fausse des condensations de la vapeur pendant la détente. — Avant les trois dernières publications que nous venons de mentionner, M. Woirhaye, ingénieur du génie maritime, a édité, à Cherbourg, en 1873, une brochure intitulée : *Essai sur le rendement calorifique des machines à vapeur*. Cette brochure dénote de la sagacité de la part de son auteur, qui est le seul, parmi tous les auteurs précédents, à avoir appliqué l'analyse à l'étude des refroidissements internes du cylindre. Mais là encore se trouve l'erreur des condensations pendant la détente ; et, d'ailleurs, on constate plusieurs autres points défectueux. — En 1873 aussi, M. A. Charles a publié un mémoire sur l'*Application de la théorie mécanique de la chaleur au perfectionnement des machines à vapeur*, où il rend compte surtout d'essais d'amélioration de ces machines par M. Lissignol ; mais nous relevons encore dans ce mémoire un mélange de bonnes choses et d'appréciations inexactes ou incomplètes. — De son côté, depuis 1870, l'éminent M. Hirn a repris à fond l'importante question qui nous occupe. Il a tout de suite reconnu qu'elle était bien plus complexe qu'il ne l'avait pensé dans ses publications antérieures, où il avait effleuré le sujet, en ne l'envisageant que sous une face. Un grand pas lui restait à faire ; mais il dut, pour mener à bonne fin les nouveaux et importants essais nécessaires à cette entreprise, s'adjoindre des ingénieurs de mérite : d'abord, MM. Leloutre et Hallauer, puis MM. Grossetête et Dwelshauvers-Dery. L'ensemble de ces travaux et les conclusions auxquelles ils conduisent se trouvent dans le tome II de la seconde édition (1876) de la *Théorie mécanique de la chaleur* de M. Hirn, et dans divers mémoires spéciaux publiés individuellement par ses deux premiers collaborateurs, qui du reste ont depuis expérimenté isolément. Ces publications laissent aussi à désirer sur divers points importants. (Voir en η_1 dans la légende du n° IX.) — Enfin, en 1877, M. Couche, dans le tome III de son traité des chemins de fer, et M. Ledoux, dans une brochure spéciale, ont, eux aussi, donné une analyse des phénomènes thermiques qui se passent à l'intérieur des cylindres.

En dehors tant des livres que nous venons de citer que du *Railway machinery* de M. Clark (1855), d'un travail de M. Porter (1862) publié à Liège, des *Experimentals Researches in steam Engineering* de M. Isherwood des États-Unis (1863), d'un article nouveau des *Proceedings of civil engineers* dû aussi à M. Clark, et d'un mémoire récent (1878) du professeur G. Schmidt, de Prague, il n'est, à notre connaissance, aucun autre ouvrage, aussi bien en France qu'à l'étranger, qui traite du sujet qui nous occupe. Du reste, les auteurs desdits livres semblent les avoir écrits sans consulter suffisamment leurs devanciers; aussi ont-ils émis sur la question, en dehors d'idées communes à tous, des points de vue propres à chacun d'eux, et dont un certain nombre sont de nature à être pris en considération, à côté d'autres complètement inacceptables. Nous avons tenu, par l'énumération précédente, à mettre le lecteur à même d'apprécier les efforts tentés jusqu'ici pour élucider l'action calorifique des parois des cylindres à vapeur.

Les constructeurs ont eu depuis longtemps le sentiment des déperditions notables dues aux refroidissements internes de ces parois, et qui prennent des proportions considérables avec la haute pression accompagnée de grandes détentes. Sans se préoccuper d'étudier le phénomène en lui-même, ils ont essayé de remédier à ses inconvénients par diverses combinaisons que leur instinct leur suggérait. A la suite de bien des tâtonnements, et après avoir d'abord évité le rapprochement des cylindres et des condenseurs, ils ont trouvé que la meilleure manière d'atténuer plus ou moins radicalement les déperditions en question consistait dans l'emploi de chemises de vapeur revêtues extérieurement de matières isolantes, et surtout accompagnées d'un léger surchauffage du fluide et de l'usage du Woolf, c'est-à-dire de l'emploi d'un cylindre *détendeur* servant d'intermédiaire entre le cylindre *admetteur* et le condenseur.

En présence de l'état de choses que nous venons d'exposer tant au point de vue de l'étude de la question que de la solution adoptée par les constructeurs, il nous a semblé utile de reprendre le sujet *ab ovo*, pour le traiter aussi à fond que possible, en empruntant à chacun des auteurs précités le point de vue particulier et exact qu'il a pu émettre, et en y joignant le résultat de nos propres investigations. — Selon nous, la question doit être ainsi subdivisée :

1° Établir, d'après les faits d'expérience connus, quelques principes de départ rationnellement acceptables;

2° A l'aide de ces principes, examiner pas à pas les effets qui se passent, au point de vue calorifique, dans un cylindre à vapeur, du côté d'une face déterminée du piston, et pendant une allée et venue de cet organe; puis étudier l'influence sur ces effets des chemises de vapeur, de la surchauffe et du fonctionnement au Woolf;

3° Rechercher les expressions mathématiques des réchauffements internes des parois du cylindre pendant l'admission; puis de leurs refroidissements pendant la détente, d'une part, et pendant l'évacuation, d'autre part : cette recherche comprenant d'ailleurs le cas de simple enveloppe sèche, ou même d'absence de tout revêtement, de chemise de vapeur, de surchauffe et enfin de fonctionnement au Woolf;

4° Trouver une formule pour calculer les *pertes dues exclusivement* à l'intervention calorifique inévitable des parois du cylindre ainsi qu'aux chutes de pression entre les cylindres des Woolf;

5° Déduire de la considération des résultats où conduisent les diverses formules susmentionnées appliquées à des essais certains, des procédés pour prévoir moins empiriquement que jusqu'ici, le poids de vapeur dépensé par coup de piston;

6° Enfin établir une expression analytique générale du rendement calorifique des machines à vapeur, tenant compte, en particulier, de l'influence thermique des parois du cylindre; et examiner dès lors la diminution que ce rendement éprouve du fait de cette influence; — apprécier le degré de détente qui rend minimum ladite diminution, toutes choses égales d'ailleurs; — déterminer la restriction de cette diminution sous l'influence d'une quantité de chaleur auxiliaire fournie soit aux parois du cylindre par l'emploi d'une chemise de va-

— 5 —

peur, soit à la vapeur même par un surchauffage ; — même détermination sous l'influence du fonctionnement au Woolf, soit seul, soit associé aux deux combinaisons précédentes.

En tout cas, il faut commencer par établir que, quels que soient les moyens employés pour restreindre les *pertes* mentionnées en 4°, on ne saurait jamais les annuler complètement ; en d'autres termes, que la *perméabilité* à la chaleur des parois du cylindre ne met jamais à même d'obtenir un rendement calorifique égal à celui qui correspond au cas d'*adiabatisme*, et que pour les Woolf les chutes de pression sont une nouvelle cause, pareillement inévitable, de dépréciation dudit rendement. — En ce qui concerne le premier phénomène, il suffit de démontrer que toute addition de chaleur pendant le cours d'un coup de piston est désavantageuse au point de vue de l'économie du calorique. Cela se voit *à priori* ; car, toutes choses égales d'ailleurs, pour tirer le maximum de travail dynamométrique d'une quantité donnée de chaleur, on doit (n° 5_5, *Nouv. mach. marines*) l'incorporer dans le corps travailleur à une température *constante*, et égale à la plus haute température que ce corps est appelé à posséder dans le cours de chaque cycle de la machine considérée. Or lesdits moyens correspondent, par le mode même de leur action, à une incorporation de chaleur s'effectuant à la température *variable* que subit le fluide à chaque allée du piston. D'autre part, les chutes de pression dans les Woolf ne modifient pas, il est vrai, la quantité de chaleur renfermée dans la masse fluide ; car ces chutes correspondent à une précipitation de mouvement de la vapeur, dont la force vive, en s'anéantissant, se convertit en calorique. Mais, malgré cette incorporation de calorique, elles déterminent (n° 7_{11}, *Nouv. Mach. marines*) un abaissement de température ; et ladite incorporation ne fait qu'accroître le degré de sécheresse ou de surchauffe du fluide. Or l'abaissement de température dont il s'agit n'étant pas le résultat de la production d'un travail extérieur, est (n° 5_5, *Nouv. Mach. marines*) un nouvel obstacle à la réalisation du maximum de travail susmentionné, étant entendu d'ailleurs que la température de la source de froid reste la même. Il peut toutefois y avoir une légère compensation, d'après le n° V ci-après, si le fluide s'est surchauffé en passant de l'admetteur dans le détendeur.

Il est aisé, à l'instar de Combes et de Verdet, de constater numériquement la diminution du rendement calorifique lors d'un réchauffement externe de la vapeur. Il suffit, à cette intention, de calculer ledit rendement dans l'hypothèse d'imperméabilité parfaite des parois du cylindre, puis dans la supposition où l'on fournirait à la vapeur une certaine quantité de chaleur dans la condition susindiquée. On pourra, par exemple, comme l'ont fait les deux auteurs cités, admettre, au moins théoriquement, que le calorique fourni soit capable de prévenir la condensation convenant presque uniquement (n° 7, *Nouv. Mach. marines*) au cas spéculatif de l'adiabatisme des parois du cylindre. Ceci revient à supposer que la vapeur est maintenue constamment sèche et juste au point de saturation correspondant à sa température décroissante, ce qui se rapproche du cas où il existe une chemise de vapeur, tout en en différant notablement encore, comme cela est expliqué au n° IV, conformément aux expériences résumées au n° XXIII. Nous ne perdrons pas de temps à donner une application numérique du calcul qui vient d'être indiqué; car il n'a, en fait, aucune portée pratique. Nous nous bornerons à ajouter que Verdet s'étonne de la diminution de rendement calorifique auquel son exemple le conduit. Ce résultat lui semble peu d'accord avec les grands avantages que la pratique trouve dans l'emploi des chemises de vapeur. Pour se rendre un compte précis des choses, il lui eût fallu remarquer d'abord qu'il ne s'était pas placé exactement dans les conditions relatives à cet emploi, et, en second lieu, que lesdits avantages consistent non pas dans l'accroissement du rendement calorifique *correspondant au cas de l'adiabatisme* du cylindre; mais dans la *restriction* qu'apporte la chemise à la diminution subie par le rendement calorifique *correspondant au cas où les parois du cylindre sont perméables à la chaleur*, comme cela est inévitable en pratique.

N° II. Énoncé des principes physiques sur lesquels repose l'intervention calorifique des parois des cylindres à vapeur. — Ces principes sont déduits des expériences de MM. Hirn, Leloutre, Hallauer, etc.; de diverses données tirées des ouvrages de Péclet; des résultats fournis par les condenseurs à surface et les condensateurs pour faire de l'eau douce; enfin d'essais spéciaux, entrepris, d'une part, par M. Reech sur les machines à vapeur mixtes du *Galilée*, et, d'autre part, sur la machine Compound du *Cher* par MM. Joëssel et Thibaudier, ingénieurs de la marine.

1° Quand une masse de vapeur saturée se trouve en contact avec des parois métalliques plus froides qu'elles, la *portion* de fluide en contact se condense presque instantanément en prenant la température de la partie métallique touchée. Mais, dans tout le reste de la masse, le fluide se trouve, et comme température et comme densité ou degré d'humidité, dans des conditions différentes et susceptibles d'ailleurs de varier d'un point à un autre. — En même temps que ladite condensation se produit, la pression tend à s'uniformiser dans toute la masse, et à tomber vers la tension correspondant à la température la plus basse parmi celles que possèdent les diverses parois. La rapidité avec laquelle s'opère la condensation ainsi que la chute générale de pression, dépend de l'étendue et des conductibilités intérieure et extérieure des parois les plus froides, de l'état d'agitation de la masse fluide, et enfin de la différence qui existe entre la température minima des parois et la température initiale de toute cette masse. Lorsque les premiers de ces éléments ont de très grandes valeurs, la condensation partielle et la chute générale de pression sont presque instantanées, ainsi que cela se présente dans les condenseurs à surface. — Quant à l'uniformisation de la température dans toute la masse fluide, malgré le grand pouvoir dispersif des fluides gazeux, dont nous allons parler dans un instant, elle n'a pas, en général, le temps de se produire intégralement dans les cas que nous aurons à considérer. Il en est *à fortiori* de même pour l'uniformisation de la densité ou du degré d'humidité. Mais comme la différence est peu de chose, surtout en considérant les moyennes propres à toute la masse, il est d'ordinaire permis en pratique de considérer cette uniformisation comme établie. — Si le refroidissement des parois n'est pas entretenu, comme dans le cas des cylindres à vapeur pendant l'admission, et que la vapeur continue à affluer pour les baigner, la chute de pression n'a pas lieu. Il ne se produit qu'une condensation partielle, qui cesse dès que les parois ont pris la température du fluide affluant. Le phénomène réduit à ce seul point s'effectue encore avec une extrême rapidité ; et sa durée ne dépasse pas d'ordinaire 1/10 de seconde dans les cylindres à vapeur. Ajoutons que la variation de température des parois ne s'effectue pas seulement à leur superficie, mais qu'elle se transmet avec une extrême rapidité à leur intérieur. Cela résulte des expériences de Péclet sur la diffusion du calorique, où il prouve, entre autres, que des plaques de fonte à 0° dans toute leur masse, échauffées à $t°$ sur une de leurs faces, ont leur température intérieure qui devient, au bout d'une seconde, 0,96 de $t°$ à un centimètre de profondeur. Le fait en question se trouve aussi corroboré par des recherches récentes de M. Decharme sur la vitesse du flux thermique dans une barre de fer, et d'où il résulte que ces vitesses sont inversement proportionnelles aux carrés des distances, et que dans une barre de 21 millimètres carrés de section, le flux thermique parvient en 1 seconde à $2^{cm},5$ de l'extrémité échauffée de la barre.

Il importe de remarquer que les phénomènes dont nous nous occupons tiennent essentiellement à ce que nous avons affaire ici à une masse fluide à l'état d'équilibre instable, c'est-à-dire dont la proportion de liquide et de vapeur est modifiable sous la plus petite influence thermique. En d'autres termes, il ne s'agit pas présentement d'un gaz permanent; et il n'y a pas possibilité de nier *à priori* la rapidité, et, par suite, l'existence desdits phénomènes, sous prétexte que les gaz permanents sont mauvais conducteurs de la chaleur. Par ailleurs, cette raison serait insuffisante; car, d'après Péclet, les gaz ne sont mauvais conducteurs de la chaleur que quand il s'agit de les faire traverser par une quantité déterminée de calorique à la seconde, une fois un certain régime de température établi. Mais ils possèdent, somme toute, un *pouvoir dispersif* considérable, c'est-à-dire qu'ils sont aptes, avant l'établissement de ce régime, à éprouver dans leur température une variation rapide à l'intérieur de leur masse, quand on les met en contact avec une surface à une température différente de la leur. Par exemple, une masse d'air à $0°$ mise en contact avec un corps à $t°$ prend, au bout de 1^s, une température égale à $0,73$ de $t°$, à une distance de un décimètre du corps. Cela tient à ce que la *dispersion* dépend, non de la conductibilité seule du gaz, mais du rapport de celle-ci à la capacité calorifique du fluide. — La considération du pouvoir dispersif explique que la vapeur *surchauffée* donne lieu à tous les mêmes phénomènes précédents que la vapeur saturée ou humide, et, entre autres, se condense d'ordinaire partiellement lors de sa mise en contact avec des parois froides. Toutefois ces phénomènes sont alors beaucoup moins tranchés.

2° Quand une masse de vapeur et d'eau se trouve en contact avec des parois métalliques plus chaudes qu'elle, il se produit des phénomènes inverses à ceux que nous venons de décrire. Autrement dit, il y a alors vaporisation du liquide qui baigne les parois métalliques, voire même surchauffe dans de certaines portions de la masse fluide, lorsque ces portions se trouvent ou arrivent à se trouver en contact avec lesdites parois. Le fluide prend, d'ailleurs, la température de celles-ci, tout en les refroidissant rapidement, si leur réchauffement n'est pas entretenu d'une manière ou d'une autre. En même temps, la pression tend à monter simultanément dans toute la masse, en gravitant vers celle qui correspond à la tension de saturation propre à la température des parois, et en retardant dès lors la vaporisation en train de s'effectuer. De leur côté, les diverses parties de la masse considérée peuvent présenter des différences dans leur température et leur densité ou leur degré d'humidité. En pareil cas, la pression se maintient bien au-dessous de ladite tension de saturation ; et les phénomènes susmentionnés sont d'autant activés.

3° Quand une masse de vapeur humide se trouve en contact, d'une part, avec des parois plus froides qu'elle, et, d'autre part, avec des parois plus ou aussi chaudes, il y a d'un côté condensation et de l'autre vaporisation de portions de la masse fluide, avec refroidissement des dernières parois et réchauffement des premières ; en même temps, la pression de toute la masse tombe vers la pression de saturation relative à la température la plus basse, ce qui contribue à activer la vaporisation là où elle a lieu. — Lorsque, dans les mêmes conditions que ci-dessus, la portion de vapeur en contact avec les parois chaudes se trouve sèche, le refroidissement de ces parois est beaucoup moindre ; car elles n'ont plus à subvenir à une dépense de calorique *latent*, mais seulement à la dépense de chaleur occasionnée par le pouvoir dispersif de la vapeur. Si l'on admet qu'à densité égale, les choses se passent pour la vapeur sèche comme pour l'air, on pourrait, en pareil cas, fixer, d'après Péclet, pour des parois en fonte, la déperdition de calorique à $0^{cal},0033$ par seconde et par $m.c$ de surface, avec une différence de température de $1°$, et une densité du fluide égale à $0,0012$. La quantité de chaleur transmise serait, d'ailleurs, proportionnelle à l'excès des températures. — Quant à la déperdition de calorique des parois correspondant au cas de vapeur humide, nous avons trouvé, en étudiant avec soin toute la série des expériences précitées du *Cher*, qu'elle est aussi à peu près proportionnelle au temps et à la surface de la paroi chaude. Elle le serait encore à la densité de la vapeur au premier moment de l'opération. Mais elle varierait proportionnellement au carré des excès de température. Pour une différence de $1°$, elle s'élèverait à $0^{cal},068$ par $m.c$ de surface et par seconde, pour une densité hypothétique de $0,001$. Nous ne donnons, bien entendu, le résultat précédent que sous toutes réserves ; il faudrait qu'on pût le vérifier par beaucoup d'autres expériences. — Il reste à dire que la déperdition qui nous occupe varie, bien entendu, avec la nature de la substance des parois. Toutes autres choses égales d'ailleurs, elle est sous ce rapport à peu près proportionnelle au produit de la densité des parois par leur chaleur spécifique et l'épaisseur de la couche *active*, c'est-à-dire de la couche où le refroidissement se fait sentir. Or en vertu de la théorie de la propagation de la chaleur, et en omettant d'ailleurs l'influence, ici négligeable, de la conductibilité *extérieure*, ladite épaisseur est elle-même à peu près proportionnelle à la racine carrée de la conductibilité *intérieure* des parois pour une même différence entre les températures extrêmes de la couche et une même durée du refroidissement. Dès lors, dans de telles conditions, qui correspondent au cas d'un même cylindre où la nature seule de la couche active serait changée, le produit en question représente une sorte de *coefficient de déperdition* ou vice versa *d'absorption* dont la valeur *relative*, facile à calculer d'après ce qui vient d'être dit, est de 22,5 pour la fonte ; 4,9 pour le plomb ; 1,5 pour la porcelaine.

4° Quand une plaque métallique se trouve comprise entre deux masses de vapeur plus ou moins humide, ayant une température différente, il s'écoule, *par seconde*, de l'un des fluides à l'autre, une quantité de calorique constante pour chaque *m.c* d'étendue de la plaque. Cette quantité est à peu près indépendante de la nature de la plaque, lorsque celle-ci est parfaitement décapée sur ses deux faces. Elle l'est aussi de son épaisseur, tant que cette dimension ne dépasse pas quelques centimètres. D'après Péclet, d'une part, et d'après des résultats d'expériences sur les condenseurs à surface et les condensateurs à eau douce, d'autre part, ladite quantité vaudrait en moyenne $0^{cal},6$, pour une différence de température de 1°, pourvu d'ailleurs que les fluides ne renferment que peu ou point d'air mélangé avec eux ; car, dans le cas contraire, cette quantité diminue rapidement.

N° III. Phénomènes calorifiques qui se passent a l'intérieur des cylindres a vapeur ordinaires sans chemise de vapeur. Il y a d'abord les *refroidissements extérieurs* provenant de l'action de l'air ambiant sur les pourtours de cylindre et sur les tiges ou les fourreaux de piston à leur sortie des presse-étoupe. Ce phénomène a une action permanente qui tend à abaisser continuellement la température intérieure du cylindre. Cette action est très simple ; elle se réduit d'ailleurs à bien peu de chose dans les machines soignées, eu égard aux systèmes d'enveloppe sèche usités actuellement et, en marine, à l'abandon des fourreaux. — Examinons maintenant les *refroidissements intérieurs*, en suivant pas à pas les effets qui se produisent d'un

même côté du piston pendant une série de révolutions, depuis la
mise en marche jusqu'à l'établissement d'un régime calorifique permanent des parois du cylindre. N'oublions pas d'ailleurs que toutes
les énonciations qui vont suivre reposent en fait, non pas sur de
simples hypothèses, mais sur des résultats d'expériences *ad hoc* ré-
sumés dans le tableau donné au n° XXIII.

Supposons qu'on ait bien purgé et réchauffé le cylindre avant de
fonctionner ; et examinons ce qui va se produire dans le premier
coup double de piston, en admettant du reste que l'on fonctionne
avec de la vapeur *saturée* à sa sortie de la chaudière, car la surchauffe modifie, comme il est expliqué au n° V, les phénomènes
dont nous allons nous occuper. La vapeur admise conserve le
même état qu'à l'instant même de son entrée dans le cylindre, durant
toute l'introduction AB, par exemple.

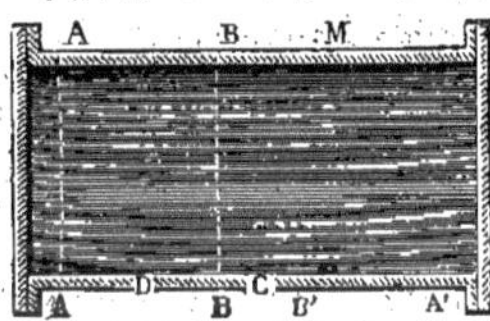

Figure relative aux phénomènes calorifiques qui se passent à un cylindre à
vapeur.

Pendant la détente, le fluide tend à se
refroidir et à se condenser ; mais en
vertu du principe 2°, n° II, la condensation est prévenue par l'intervention
des parois chaudes du cylindre (lesquelles comprennent, outre la surface
latérale, le fond de ce récipient et la
face du piston que baigne la vapeur
considérée) ; en même temps le refroidissement de la masse de
vapeur est moindre que si cette intervention n'existait pas. Mais en
revanche les parois éprouvent une réfrigération plus ou moins
marquée. Pendant l'évacuation, cette réfrigération, en vertu du
principe 3°, n° II, continue en s'accentuant. Elle est d'ailleurs accrue
plus ou moins sensiblement par les refroidissements extérieurs.

Il importe de remarquer, avant d'aller plus loin, que la réfrigération
ne s'exerce pas de la même manière pour les diverses parties de la
surface interne du cylindre. Elle est exactement la même pour le
fond, la face du piston et les portions de la surface latérale situées en
arrière du point de départ AA du piston, lesquelles portions appartiennent à l'espace neutre. Mais si nous considérons un autre endroit quelconque des parois, sa réfrigération, ainsi du reste que le temps de son
contact avec la vapeur de l'admission, seront différents suivant la
position de cet endroit par rapport à AA. D'abord nous voyons que
si AB et A'B' sont les introductions relatives aux deux extrémités du
cylindre, toutes les parties de surface, telles que C, situées entre B et

B' ne sont *jamais* en contact avec la vapeur d'admission. Si, au contraire, les deux introductions mordaient l'une sur l'autre, les parties
de l'espèce C se trouveraient en contact *deux fois* avec cette vapeur à
chaque tour. Quant aux refroidissements que subissent ces parties,
en nous remettant d'ailleurs dans le premier cas, qui est de plus usuel
actuellement au moins avec les machines ordinaires, ils ont lieu pendant une portion de l'évacuation du côté de la face antérieure du piston,
ensuite pendant une portion de la détente de l'allée du piston, puis
pendant une portion de l'évacuation du côté de la face postérieure du
piston, et enfin pendant une portion de la détente du retour du piston :
les portions appartenant aux périodes de même nom étant justement
complémentaires l'une de l'autre. En un mot, les parties de surface de
l'espèce C ne sont jamais en contact avec la vapeur d'admission, et
subissent, par tour, des refroidissements relatifs tant à la détente qu'à
l'évacuation qui durent respectivement le temps d'une course. De leur
côté, les parties de surface de l'espèce D, situées entre A et B qui se
trouvent *une fois*, à chaque tour, en contact avec la vapeur d'admission, ont leurs refroidissements relatifs à la détente qui durent le
temps de cette période, et ceux relatifs à l'évacuation qui durent le
temps d'une course.

Tout ceci bien compris, revenons sur nos pas, et imaginons une
nouvelle introduction de vapeur à la même extrémité considérée du
cylindre. Cette fois, la vapeur admise se trouvant en présence d'un
fond du cylindre, d'une face du piston et d'une portion de surface
latérale ayant subi la double réfrigération susmentionnée, *se
condense* un peu dès son premier afflux, d'après 1° n° II. En même
temps, ces surfaces prennent presque instantanément la température
de la nouvelle vapeur. A mesure que le piston s'avance, il découvre
une portion de surface latérale de l'espèce D précitée, qui, elle
aussi, se réchauffe en déterminant une nouvelle condensation de la
vapeur admise. Aussitôt l'introduction terminée, la détente commence.
Les surfaces qui viennent d'être réchauffées fournissent de la chaleur
non seulement pour prévenir toute nouvelle condensation et pour atténuer le refroidissement propre à l'expansion, mais encore pour vaporiser l'eau, d'ailleurs chaude, formée pendant l'admission. En
même temps, les portions des parois de l'espèce C, puis bientôt de
l'espèce D de la seconde extrémité du cylindre, sont mises à dé-
couvert, et se réchauffent au détriment de la vapeur de la détente. On se trouve de la sorte dans le cas du principe 3° n° II ;

en d'autres termes, la vapeur se trouve en présence de surfaces dont les unes jouent en quelque sorte le rôle de chaudière, et les autres le rôle de condenseur. Mais l'action des premières étant d'ordinaire plus marquée que celle des autres, il y a, somme toute, vaporisation plus ou moins complète de l'eau condensée pendant l'admission, à moins que l'expansion ne soit poussée très loin, auquel cas la fin de cette période s'opérerait avec condensation. En un mot, la quantité de vapeur renfermée dans le cylindre est habituellement plus grande à la fin de l'expansion qu'au commencement, ainsi que le constatent à simple vue les diagrammes d'indicateur ; car ils donnent des courbes de détente bien plus exhaussées (n° 7$_8$, *Nouv. Mach. marines*) que l'adiabatique correspondant au degré d'humidité que possède la vapeur au début de l'expansion. On prouve même (n° XI) que la quantité de chaleur fournie par les parois pendant la détente se trouve sensiblement la même pour des fractions de course égales. — En tout état de cause, la réfrigération des parois relative à la période de détente est bien plus élevée dans le nouveau coup double de piston que nous venons d'examiner que dans le premier. La revaporisation que subit, durant cette période, l'eau résultant des condensations pendant l'admission ne peut en fait jamais être complète, au moins dans le cas de vapeur saturée à sa sortie de la chaudière. Le calorique cédé aux parois par ces condensations et celui que possède ladite eau au-dessus des températures successives du fluide pendant la détente forment bien une somme un peu supérieure à la chaleur que nécessiterait une revaporisation totale ; mais il faudrait que la restitution de ces deux caloriques ait le temps de s'effectuer. D'ailleurs, les parois cèdent de la chaleur pour prévenir la condensation de la vapeur qui se détend ; et puis il y a intervention plus ou moins marquée des refroidissements extérieurs. Il restera donc toujours, en réalité, une certaine quantité de liquide dans le cylindre à la fin de l'expansion. Cette quantité se trouvera d'ordinaire, pour une partie, à l'état de rosée sur les parois de ce récipient, et, pour l'autre partie, à l'état poudreux (*) au sein de la masse gazeuse. La seconde de ces parties s'échappera au condenseur, en même temps que cette dernière masse. Mais, en vertu du principe 3° (n° 11), la première partie se vaporisera rapidement pendant l'évacuation, en augmentant *notablement* la réfrigéra-

(*) Selon l'opinion du savant M. Berthelot, et à l'encontre de celle de beaucoup d'auteurs, nous n'admettons pas la vapeur à l'*état vésiculaire*. Toute eau en suspension dans de la vapeur est très vraisemblablement à l'*état pulvérisé* ou *poudreux*.

tion des parois du cylindre. — Dès lors, à la troisième introduction, toujours à la même extrémité considérée du cylindre, la condensation sera bien plus notable qu'à la seconde introduction ; et, si elle est un peu forte, de l'eau ruissellera le long des parois du cylindre, en même temps qu'une certaine partie du liquide demeurera à l'état de poussière en suspension au sein de la masse gazeuse. Conséquemment, il restera sur les parois du cylindre à la fin de la détente une quantité d'eau plus grande que tout à l'heure, outre le liquide qui se trouvera à l'état précité mélangé à la masse gazeuse. Cette eau se vaporisera encore pendant l'évacuation ; et il y aura une nouvelle augmentation des refroidissements afférente à la période qui nous occupe. Cette augmentation entraînera un nouvel accroissement de la condensation de la vapeur d'admission ; et l'état des choses ira en s'accentuant à chaque nouveau coup de piston, jusqu'à ce qu'il y ait épuisement de la puissance vaporisatrice des surfaces du cylindre en communication avec le condenseur, puissance que vient aider l'excès de calorique, au-dessus de la température du condenseur, que renferme l'eau même qui se revaporise. Il importe de noter que cette revaporisation, au moins dès à présent, n'est d'ordinaire que partielle pour des raisons analogues à celles données plus haut à propos de la revaporisation pendant la détente, et en particulier à cause du refroidissement direct produit par la différence même de température entre le cylindre et le condenseur.

En même temps que tout ce que nous venons d'expliquer se passe pour l'une des doubles courses du piston, du côté d'une de ses faces, il se produit une série de phénomènes analogues pour la double course relative à la face opposée. Dès le moment actuel, la condensation de la vapeur pendant chaque admission aura atteint une *valeur maximum* ; et du même coup, le régime de consommation de vapeur de la machine sera établi. Ce régime se fût établi plus tôt si, pour une raison ou une autre, il avait existé dès le début de l'eau au cylindre. Dans tous les cas, la présence d'une quantité quelconque de ce liquide ne saurait plus le modifier désormais. — Il convient d'ajouter que les refroidissements extérieurs se trouvent augmentés par le fait de l'humidité même que possède désormais la vapeur à l'intérieur du cylindre, pour le motif que nous avons signalé au n° I, en mentionnant les idées de Verdet sur la présente question.

Si l'on a bien compris tout ce qui précède, le régime précité relève en définitive de la puissance vaporisatrice que les surfaces en contact avec la vapeur présentent d'une part pendant la période de détente et, d'autre part, pendant la période d'évacuation. Conformément à ce qui a été expliqué ci-dessus, il importe de remarquer qu'une fois ledit régime établi, et toujours dans l'hypothèse que la vapeur est saturée à sa sortie de la chaudière, la chaleur cédée par tout le liquide condensé pendant l'admission ne saurait revaporiser en entier celui-ci pendant la détente et l'évacuation ; et il doit tendre à s'accumuler de l'eau dans le cylindre. Cependant il est constaté expérimentalement qu'en dehors du liquide provenant de l'emploi de vapeur trop humide ou de causes accidentelles, telles que des ébullitions, il ne tend jamais à s'accumuler de vapeur condensée dans les cylindres ; car les purges de ces récipients ne donnent de l'eau que dans les circonstances anormales en question, et, d'autre part, tout le liquide dû à la liquéfaction de la vapeur pendant l'admission se retrouve intégralement au condenseur. Bien mieux, les praticiens ont pu faire la remarque que les claquements des bagues de piston accusant manifestement la présence accidentelle d'une quantité notable d'eau dans les cylindres, disparaissent souvent sans qu'on soit obligé de faire fonctionner les purges. — Ce fait ne peut s'expliquer que de deux manières. Dans la première, il faut supposer que le liquide condensé pendant l'admission reste en *très grande quantité* suspendu au sein de la masse gazeuse à l'état poudreux ; mais ceci n'est guère plausible. Dans la seconde explication, on doit admettre qu'au premier moment de l'évacuation une portion de la couche d'eau qui tapisse les parois du cylindre, y compris dans les cylindres horizontaux, quoique avec moins d'épaisseur, les parties en l'air, est enlevée par le courant de vapeur, qui se précipite d'ordinaire avec une grande vitesse au condenseur ; en même temps une autre portion de cette même couche, dans les endroits où elle est la plus épaisse, est entraînée mécaniquement par la vapeur qui se produit auxdits endroits avec une extrême rapidité, au moment de la dépression subite qui se manifeste à l'intérieur du cylindre au début de l'évacuation. La seconde explication est évidemment la seule acceptable ; il s'ensuit qu'il n'y a de répandu sur les parois du cylindre pendant l'évacuation que des gouttelettes liquides, qui s'y trouvent, il est vrai, en abondance, et y forment une véritable *rosée*.

Il va de soi que, toutes choses égales d'ailleurs, les phénomènes de refroidissement et de réchauffement successifs des parois du cylindre croissent dans leurs effets avec la température et la pression de la vapeur d'admission et le degré de froid du condenseur. On conçoit aussi que, *dans l'hypothèse expresse d'un même volume d'introduction*, l'accroissement de la détente tend, d'une part, à augmenter le refroidissement pendant cette période elle-même, puis pendant l'évacuation; car la surface interne du cylindre a son étendue qui marche de pair avec ledit accroissement. Mais, d'autre part, ce même accroissement tend à diminuer la seconde partie du refroidissement en question, attendu que les parois du cylindre se trouvent alors à une température plus basse au commencement de l'évacuation, et, par suite, sont moins aptes à céder du calorique à la rosée qui les recouvre, et qui atteint toujours, dans les machines ordinaires sans chemise de vapeur, un maximum déterminé et augmentant peu, dans l'hypothèse ci-dessus, avec le degré de détente employé. Aussi, en pareille conjecture, ce degré n'a sur le refroidissement en question une influence bien marquée que quand il dépasse certaines limites. Toutefois les choses s'accentuent davantage dans le cas de chemise de vapeur ou de surchauffe (n°˚ IV et V); car alors ladite rosée, qui ne doit jamais en principe dans ce cas atteindre le maximum susmentionné, ne tarde pas à augmenter rapidement avec l'étendue de la détente. Par ailleurs, l'élévation du rendement calorifique provenant en général de l'expansion elle-même, quel que soit son mode, et dont la raison d'être est donnée thermodynamiquement au n° XXX et au n° 9_2, *Nouv. Mach. marines,* se trouve entravée par l'*imparfaite utilisation* du calorique que les parois du cylindre cèdent au fluide qui se détend; car en théorie (n° 5_5, *Nouv. Mach. marines*) la détente doit avoir lieu *adiabatiquement*; sinon, la vapeur se trouve à la fin de cette période moins humide et plus chaude qu'elle ne le devrait. Aussi arrive-t-il un point bien au-dessous de celui correspondant (n° 8_2, *Nouv. Mach. marines*) au cycle de Carnot, où l'élévation en question se trouve annihilée. — Les conclusions précédentes supposent implicitement une égale durée pour le temps de l'évacuation, et, par suite, une même vitesse de rotation de l'arbre de couche. Mais, toutes autres choses égales d'ailleurs, les refroidissements correspondants à la période d'évacuation augmentent surtout avec cette durée. Toutefois la perte *absolue* afférente auxdits refroidissements évaluée par unité de temps, au lieu de par coup de piston, demeure évidemment la même; il n'y a que la perte *relative*, c'est-à-dire par cheval, qui croisse en sens inverse de la vitesse de rotation de l'arbre. Cela compris, supposons que, pour une machine donnée, il y ait accroissement de la détente. Le volume d'introduction sera diminué; mais, de leur côté, les parois du cylindre seront à une température moindre que précédemment au commencement de la période d'évacuation ; et en raison même de cette circonstance, leur refroidissement pendant ladite période, qui est de beaucoup le plus nuisible, se trouvera restreint. Il s'ensuit que, somme toute, la perte *relative* correspondant au refroidissement en question sera peu ou point modifiée du chef qui nous occupe. Mais l'accroissement de la détente à une machine donnée étant le plus souvent accompagné, comme cela arrive en particulier à bord des navires, d'un ralentissement de la rotation, la perte *relative* susmentionnée tend à croître pour ce dernier motif ; et le bénéfice, *par cheval*, propre à l'accroissement même de la détente, se trouve alors bientôt compensé, et même plus que annihilé. — Nous sommes encore conduit, d'après ce qui précède, à conclure que le degré d'humidité de la vapeur employée ne modifie que peu ou point les effets thermiques susexpliqués, lorsque le refroidissement produit par l'évacuation est *entièrement* réparé durant l'introduction par la condensation d'une partie du fluide admis. C'est ce qui a lieu dans les machines avec ou sans enveloppe sèche et sans surchauffage de vapeur. Mais il n'en est plus de même, comme nous le verrons aux n°° IV et V, quand il existe une chemise de vapeur, ou qu'il y a surchauffe.

En tout état de cause, il y aura parfois moyen de restreindre les phénomènes dont nous venons de nous occuper en maintenant au condenseur une température plus élevée que le chiffre habituel (n° 6₁, *Nouv. Mach. marines*) de 40°. Au surplus ces phénomènes seraient notablement atténués si l'on parvenait à revêtir les parois et fonds de cylindre et les faces de piston de matières mauvaises conductrices de la chaleur, telles qu'un glacis onctueux. Le graissage remplit en partie ce rôle. Aussi, quand on arrive à lubrifier également toutes lesdites surfaces, on peut constater une certaine économie de combustible, qu'il faut bien plutôt attribuer à la circonstance qui nous occupe qu'à la diminution des frottements. C'est conformément à cet ordre d'idées que récemment quelques ingénieurs ont pensé à revêtir d'une couche de plomb les deux fonds des cylindres, ainsi que les deux faces des pistons, en se référant d'ailleurs, pour prévoir l'économie réalisable, au *coefficient d'absorption* mentionné en 3°, n° II ci-dessus, et à la proportion de surface totale revêtue.

Dans les machines à vapeur avec enveloppe sèche, mais sans chemise de vapeur, la condensation totale pendant l'admission (n° XVI) peut s'élever jusqu'à 60 p. 100 de la quantité de vapeur entrée au cylindre par coup de piston, ce qui correspond, comme

BIBLIOTHÈQUE NATIONALE — R. F. — IMPRIMÉS

calorique, à 49 p. 100 de toute la chaleur dépensée. — Bien que la capacité calorifique de la fonte ne soit que de 0,13, il faut bien s'imaginer qu'une pareille condensation n'exigerait en moyenne que $0°,02$ d'abaissement de température de toute la masse du cylindre, de ses fonds, etc. En réalité, la variation de température est bien plus considérable ; car c'est surtout une couche très mince du côté de la surface intérieure des parois et des fonds de cylindre qui y participe. Aussi ladite variation atteint souvent de 70° à 80° dans cette couche ; mais elle va en diminuant jusqu'à se réduire à peu de chose vers la surface externe du cylindre. — Une portion de la chaleur, les 2/5 environ, absorbée par les parois durant l'introduction, est employée à améliorer le travail de la détente, ce qui tend à donner aux diagrammes d'indicateur une apparence trompeuse de supériorité économique (n° 7, *Nouv. Mach. marines*). Cette restitution de calorique ne s'effectue pas, en effet, dans de bonnes conditions de rendement comme il a été expliqué au n° I ; mais on est encore trop heureux qu'elle se produise de la sorte spontanément. La seconde portion de la chaleur qui nous occupe représente, à l'influence près de la différence entre le calorique dégagé par le frottement du piston et celui absorbé par les refroidissements extérieurs, la chaleur enlevée par la vaporisation que subit pendant la période d'évacuation la rosée existant sur les parois du cylindre, et par le refroidissement direct de ces parois ; elle atteint souvent les 3/5 de la susdite chaleur fournie par la vapeur d'introduction, soit, dans notre exemple, 3/5 de $0,49 = 29$ p. 100 de la chaleur totale dépensée. Il y a là une perte intégrale que rien ne compense, et qui détermine en outre l'inconvénient d'accroître la quantité d'eau froide employée à la condensation. Aussi l'annihilation plus ou moins complète de cette déperdition est devenue, depuis qu'elle a été dûment constatée, le point de mire de tous les constructeurs. — Ajoutons que rien ne révèle son existence sur les diagrammes d'indicateur.

— Plusieurs auteurs, afin de mieux montrer l'importance de la perte spéciale due aux refroidissements pendant l'évacuation, donnent le calcul suivant. Soient :

p un certain poids d'eau contenu dans le cylindre au commencement de l'évacuation ;
t' la température de cette eau, qui est celle de la vapeur audit commencement ;
t_0 la température de la vapeur à l'introduction ;
t_1 la température du condenseur ;
L_0 et L_1 la chaleur totale (n° 7, *Nouv. Mach. marines*) de la vapeur d'eau au-dessus de zéro pour les températures t_0 et t_1.

Pendant la communication du cylindre avec le condenseur, une portion x du poids d'eau p s'évapore. Supposons les parois *imperméables à la chaleur* : le calorique nécessaire à l'évaporation sera emprunté totalement au liquide restant. Le poids de ce liquide sera $(p-x)$. Si l'on admet qu'il ait pris à la fin de l'évacuation la température du condenseur, on aura en vertu du n° 7, des *Nouv. Mach. marines*, en faisant d'ailleurs $C' = 1$, et en admettant que la vaporisation ait lieu sous la pression existant au condenseur :

$$pt' = xL_1 + (p-x)t_1.$$

D'où l'on tire :

$$x = p \times \frac{t'-t_1}{L_1-t_1}.$$

Aussitôt que l'introduction de la vapeur commence, le cylindre contient un poids d'eau $(p-x)$ à la température du condenseur. Cette eau va se mettre en équilibre de température avec la vapeur affluente. Par conséquent, elle condensera un poids de vapeur y donné par l'équation :

$$(p-x)t_1 + yL_0 = (p-x+y)t_0,$$

équation d'où l'on tire :

$$y = (p-x) \times \frac{t_0-t_1}{L_0-t_0}.$$

Mais de l'équation en x on déduit :

$$p-x = x \times \frac{L_1-t'}{t'-t_1}.$$

D'où il vient :

$$y = x \times \frac{t_0-t_1}{t'-t_1} \times \frac{L_1-t'}{L_0-t_0}.$$

Si, conformément aux anciennes idées, on suppose que $t' = t_0$, c'est-à-dire que les parois du cylindre ne cèdent pas de chaleur pendant la détente, et si par ailleurs on regarde L_1 comme sensiblement égal à L_0, il vient $y = x$, comme on le lit dans quelques ouvrages. Mais il est loin, en principe, d'en être ainsi.

Pour les données suivantes susceptibles de se rencontrer en pratique, $t_0 = 130°$, $t' = 75°$, $t_1 = 40°$, nous obtiendrions successivement :

$$x = p \times \frac{75-40}{606,5 + 0,305 \times 40 - 40} = p \times 0,06;$$

$$y = p \times (1-0,06) \times \frac{130-40}{606,5 + 0,305 \times 130 - 130} = p \times 0,16.$$

Encore dans le calcul précédent, nous avons supposé que le refroidissement de la masse d'eau existant à l'intérieur du cylindre au moment de l'évacuation était poussé assez loin pour que la température de ladite masse atteigne celle du condenseur. Il faudrait à cet effet que la communication du cylindre avec ce récipient durât plus longtemps que cela n'a lieu d'habitude. A ce point de vue, le résultat obtenu serait trop grand. Mais comme les parois elles-mêmes, loin d'être sans action calorifique, aident considérablement à la vaporisation de l'eau pendant l'évacuation, le premier membre de la première de toutes les équations ci-dessus devrait être augmenté d'une certaine quantité afin de tenir compte de cette aide, ce qui donnerait de ce chef pour x, et par suite pour y une valeur plus élevée que le chiffre fourni par le calcul précédent. D'autre part, pour poser exactement l'équation en y, il faudrait, à cette équation, augmenter le membre de droite de la quantité de calorique nécessaire à la réparation du refroidissement subi par les parois depuis l'introduction précédente à la même extrémité du cylindre, et qui comprend, outre le refroidissement relatif à la période d'évacuation, celui concernant la période de détente; or ceci accroîtrait encore la valeur de y. — D'après ces diverses explications, la question que nous venons de relater comme se trouvant dans plusieurs ouvrages, n'est qu'un exercice mathématique sans aucune portée pratique.

Nº IV. INFLUENCE DES CHEMISES DE VAPEUR SUR LES PHÉNOMÈNES CALORIFIQUES DE L'INTÉRIEUR DES CYLINDRES A VAPEUR. — On sait que les chemises de vapeur consistent en une gaîne métallique entourant à une certaine distance la surface externe des cylindres, et que, le plus souvent, elles comprennent en outre des doubles fonds rapportés à chaque extrémité de ces récipients. Les espaces vides ainsi ménagés sont remplis de vapeur destinée à réchauffer les parois de cylindre en contact avec elle, et qui, une fois liquéfiée, s'écoule dans le condenseur ou tout autre récipient, et quelquefois retourne à la chaudière. — On a assez souvent employé pour l'alimentation des chemises la vapeur même destinée au cylindre, en la faisant circuler à l'intérieur de ces appendices avant que d'arriver à la boîte à tiroir. Mais il résulte des explications qui vont suivre que ce procédé doit absolument être abandonné. — Toutes les parties extérieures de la chemise sont, par ailleurs, revêtues d'une enveloppe de matières isolantes.

L'influence des chemises de vapeur, si longtemps contestée et, d'ailleurs, si longtemps demeurée plus ou moins incompréhensible, n'a été sérieusement établie et *en partie* expliquée rationnellement que par M. Hirn, et encore depuis quelques années seulement. Voici comment on doit, *selon nous*, expliquer ladite influence d'après les essais spéciaux que résume le tableau donné ci-après, nº XXIII :

De même que ci-dessus, supposons le cylindre préalablement échauffé ; et considérons les premiers coups de piston successifs jusqu'à l'établissement d'un certain régime thermique au cylindre. La chemise ne fera sentir son action que quand les parois commenceront à se refroidir d'une manière sensible pendant la détente et surtout pendant la condensation. Entre temps, il y aura, par coup de piston, condensation d'une certaine quantité de la vapeur d'admission. Mais l'intervention de la chemise arrivera bientôt à être assez puissante pour aider, pendant la détente et l'évacuation, les parois du cylindre à la revaporisation de l'eau provenant de ladite condensation, et pour empêcher ainsi leur refroidissement de dépasser une limite déterminée. — Il y aura encore ici, comme dans le cas d'un cylindre sans chemise, un *maximum* de réfrigération des parois à la fin de l'expansion, et par suite un *maximum* de condensation pendant l'admission, à partir de la réalisation duquel le régime thermique du cylindre sera établi. Ce maximum sera du reste plus ou moins notablement inférieur à celui du premier cas, selon l'énergie de la chemise. En d'autres termes, dans tout cylindre il y a, dès le début de son fonctionnement, un *germe* de refroidissements intérieurs des parois, qui va en se développant pendant un plus ou moins grand nombre de coups de piston. La chemise, sans s'opposer intégralement à ce développement, l'empêche d'atteindre toute son extension. Elle consomme bien pour cela de la chaleur ; mais, en principe, elle en consomme moins que n'en représenterait la quantité de vapeur qui serait condensée pendant l'introduction pour faire face à la différence des deux refroidissements maximum susmentionnés. Cette circonstance, qui paraît peu de chose en elle-même, est cependant capitale ; et l'on peut dire que c'est d'elle que relève en entier le mode d'action spécifique de la chemise de vapeur. Il importe de noter que la chaleur fournie par cet appendice durant l'évacuation concourt à ladite action, loin de constituer une *perte sèche*, comme l'avancent certains auteurs.

Bien que la condensation d'une partie de la vapeur d'admission soit moindre que celle rapportée au n° III, convenant à une machine sans chemise, elle peut encore, néanmoins, atteindre 44 p. 100 (au lieu de 60 p. 100) de tout le poids de vapeur sorti de la chaudière (n° XVII), ce qui correspond d'ailleurs à 34 p. 100 de la chaleur totale dépensée. Mais ce qu'il importe d'observer, c'est que le calorique provenant de ladite condensation, n'étant plus trop considérable, à le temps d'être utilisé presque intégralément cette fois pendant la période de détente, bien que, du reste, cette utilisation soit toujours imparfaite. Le réchauffement total de la vapeur durant cette période est même ici plus élevé que lorsqu'il n'y a pas de chemise, ainsi que l'accusent les diagrammes d'indicateur qui donnent alors des courbes de détente plus exhaussées que sans chemise. Cela s'explique si l'on songe que les portions de surface, mentionnées au n° III, qui font fonction de condenseur pendant ladite période, sont ici moins froides, eu égard au bien moindre refroidissement actuel pendant l'évacuation. Ainsi, dans la machine avec chemise de vapeur du numéro précité, les 10/11 du calorique que cèdent les condensations pendant l'admission, valaient la chaleur employée à améliorer le travail de la détente, à l'intervention thermique près de la chemise de vapeur, des refroidissements extérieurs et du frottement du piston; le 1/11 restant dudit calorique augmenté d'une quantité à peu près égale à elle-même provenant de la chemise, représentait la chaleur disparue en *pure perte* pendant l'évacuation, en correspondant d'ailleurs à environ 5 p. 100 de la dépense totale de chaleur. De son côté, la chemise ne consommait comme chaleur à elle communiquée que 1/25 de ladite dépense totale, tout en ne faisant parvenir à l'intérieur du cylindre que le 1/2 environ de ladite chaleur communiquée, ce qui, somme toute, ne figurait, comme action réchauffante de la chemise, que $1/25 \times 1/2 : 34/100 = 1/17$ du calorique cédé aux parois par la condensation de la vapeur d'admission. Ajoutons que le reste de la chaleur dépensée par la chemise était absorbé par les refroidissements extérieurs et par le déversement dans le condenseur de l'eau chaude s'écoulant de l'appendice qui nous occupe.

La citation que nous venons de faire répond à l'objection des personnes qui, eu égard au principe 4° donné au n° II, prétendent que la chemise n'a pas le temps de céder de chaleur, surtout dans le cas de machines à rotation rapide. Elle n'a le temps que d'en céder peu, doit-on dire, et au surplus d'autant moins que la machine tourne plus vite, et qu'en même temps, par suite, les refroidissements internes par coup de piston sont moindres. Mais ce peu est suffisant pour expliquer le grand avantage de son intervention. — Dans cette intervention, il faut bien comprendre que les parois du cylindre éprouvent dans toute leur épaisseur des variations de température essentiellement différentes, suivant la distance de la partie considérée à la surface interne. C'est aux environs de cette dernière surface, comme nous l'avons déjà dit au n° III, que se font sentir les plus fortes variations, lesquelles s'étendent de la température de la vapeur affluant de la chaudière à une autre température se rapprochant plus ou moins de celle du condenseur. Il suit de là que la quantité de chaleur fournie par la chemise ne l'est pas régulièrement pendant la durée de chaque coup de piston, et qu'elle subit l'influence desdites variations. Et en particulier, durant l'introduction, la chemise n'a que peu ou point d'action sur les portions de parois qui se trouvent en contact avec la vapeur arrivant de la chaudière; car ces portions sont presque instantanément réchauffées par ladite vapeur.

Les développements précédents rendent parfaitement compte des économies de combustible de 15 à 25 p. 100 sur la dépense antérieure, que les expériences de ces dernières années font accorder aujourd'hui sans conteste à l'usage des chemises de vapeur, appliquées, d'ailleurs, à des machines à haute pression et à grande détente, et établies dans de bonnes conditions de fonctionnement.

Il est très important de noter que la chemise de vapeur *cesserait d'être efficace* si la quantité de chaleur qu'elle est mise à même de fournir, selon son mode d'alimentation et de fonctionnement, n'était pas assez sensible pour empêcher les pertes de chaleur au cylindre d'atteindre le même maximum que dans le cas d'absence de chemise. Ceci, soit dit en passant, aurait lieu si, une fois le régime thermique du cylindre établi, la chemise ne parvenait pas à assécher complètement le cylindre à la fin de l'évacuation. Et même en pareil cas elle serait *nuisible*; car, outre la dépense complètement inutile qui résulte toujours du fait même d'une circulation de vapeur, l'action vaporisatrice des parois pendant l'évacuation, cause principale desdites pertes, serait évidemment alors plus grande que sans chemise; et la chemise fournirait ainsi en pure perte, de son propre chef, de la chaleur au condenseur. — La prévention de l'effet dont il s'agit exigerait évidemment, de la part de la chemise, plus d'activité encore que nous venons de le dire, si la vapeur était humide à son arrivée dans le cylindre; car il faudrait aussi que la portion de rosée due à ce fait particulier soit vaporisée par l'action de la chemise. Cette même prévention oblige encore, comme il a été annoncé au n° III, à accroître cette action, à mesure que la détente a plus d'étendue, afin d'éviter l'augmentation de rosée qui finit par se manifester avec une longue expansion.

D'un autre côté, l'énergie calorifique de la chemise ne saurait dépasser le point où il y a séchage complet de la vapeur à la fin de l'expansion. En effet, nous savons que toute chaleur appliquée à la vapeur tandis qu'elle se détend, est imparfaitement utilisée; dès lors, du moment que la vapeur condensée pendant l'introduction est régénérée, il ne peut plus y avoir que diminution du rendement calorifique, en poussant au delà le chauffage du fluide travailleur par la chemise, d'autant que les parois du cylindre, désormais sèches, prenant du même coup une température plus élevée, se refroidissent davantage pendant l'évacuation.

On voit donc que la chemise a besoin de n'être ni trop peu active ni trop énergique, pour donner à son effet toute l'*efficacité* voulue; et que son activité doit être comprise entre les deux limites que nous venons d'indiquer. Par ailleurs, le point intermédiaire à ces deux limites correspondant au maximum d'efficacité, ne saurait guère se déterminer qu'expérimentalement. Il doit, du reste, varier avec chaque machine et le régime de marche de celle-ci. Aussi faut-il toujours se ménager sur les chemises des robinets d'admission et d'évacuation de vapeur, qui permettent d'obtenir par tâtonnements, dans chaque cas, le meilleur degré d'activité de ces appendices; — A moins qu'on n'ait recours pour alimenter la chemise à une chaudière spéciale fournissant de la vapeur à une plus haute température que celle du générateur de la machine, il n'y a généralement pas à craindre que l'action de la chemise puisse dépasser l'énergie nécessaire.

Ainsi qu'il a été avancé au n° III, l'emploi de vapeur humide, qui n'empire point le mauvais état des choses dans les machines sans chemise de vapeur, exposerait ici à ce que le refroidissement relatif à la période d'évacuation rende inefficace et, par suite, nuisible l'action de la chemise, à moins que l'on n'augmente, comme nous l'avons expliqué il y a un instant, son activité réglée pour l'emploi de vapeur sèche. Mais alors la condition de maximum d'efficacité susmentionnée correspondrait manifestement à un rendement calorifique moindre qu'avec de la vapeur sèche. — On voit d'après cela qu'il faut condamner, ainsi que nous l'avons annoncé plus haut, la combinaison où on alimente les chemises avec la vapeur même destinée aux cylindres; car, au moment de son admission, la vapeur se trouve alors plus humide, ce qui exigerait de la part de la chemise plus d'activité qu'il ne lui en faudrait autrement, et qu'elle n'est d'ailleurs capable de posséder dans les conditions mêmes de son fonctionnement actuel.

Il reste à dire que l'épaisseur de la couche de vapeur d'une chemise, soit la largeur de la section annulaire de celle-ci, doit être proportionnée au diamètre du cylindre, en raison de ce que chaque tranche de vapeur à réchauffer à l'intérieur de ce récipient ainsi que l'épaisseur de ses parois dépendent de son diamètre. Ladite largeur doit d'ailleurs varier en rapport inverse de la différence moyenne de température supposée entre le fluide réchauffant et le fluide à réchauffer. Enfin on doit combiner les conduits d'arrivée et de sortie de la vapeur sur la chemise, et même disposer l'intérieur de celle-ci, de façon à assurer une circulation aussi efficace que possible du fluide réchauffant.

Nº V. INFLUENCE DE LA SURCHAUFFE SUR LES PHÉNOMÈNES CALORIFIQUES DE L'INTÉRIEUR DES CYLINDRES A VAPEUR. — Le surchauffage de la vapeur avant son entrée dans le cylindre, ne la met pas, en principe, entièrement à l'abri des condensations à l'intérieur de ce récipient. Ce fait tient à ce que chaque kilogramme de vapeur surchauffée perd un degré de température pour un simple enlèvement de 0^{cal},48, chiffre qui représente (IV, nº 7_7, *Nouv. Mach. marines*) la chaleur spécifique de cette vapeur sous pression constante. Une expérience importante de M. Hirn (nº XIX) a établi qu'une vapeur surchauffée de 86°, travaillant dans une machine sans chemise de vapeur, non seulement avait sa surchauffe annihilée à mesure qu'elle entrait dans le cylindre, et cela en moins de 1/4 de seconde, mais même se condensait en partie. Il importe d'ajouter que cette condensation ne dépassait pas 6 à 7 p. 100 du poids intégral sorti de la chaudière, au lieu de 60 p. 100, comme dans certaines machines sans chemise de vapeur et sans surchauffe. Elle représentait, d'ailleurs, 11 p. 100 de la dépense totale de chaleur. De son côté, le calorique absorbé par le fluide pendant son expansion n'était que le 1/6 de la chaleur afférente à ladite condensation, soit 2 p. 100 environ de la dépense en question. Enfin la perte pendant l'évacuation se réduisait à 8,5 p. 100 de cette même dépense.

L'annihilation de surchauffe susmentionnée justifie le fait constaté expérimentalement que dans les machines à vapeur surchauffée, la température des parois et fonds de cylindre ne surpasse presque jamais la température de saturation concernant la pression de la vapeur à l'admission. C'est à cette dernière circonstance qu'il faut attribuer la principale réduction (nº 6_3, *Nouv. Mach. marines*) des avantages qu'au premier abord la surchauffe semble offrir pour améliorer le rendement calorifique, par une élévation, sous pression constante, de la température du fluide travailleur pendant l'introduction. — En tout état de cause, la surchauffe amène au cylindre un excès de chaleur, qui subvient, du moins en partie, aux refroidissements produits pendant la détente et l'évacuation, en restreignant d'autant les condensations durant l'admission. — Il résulte de là deux effets importants. Le premier consiste en ce que le fluide ne renferme pas à la fin de la détente, et comme avec les chemises de vapeur, plus de chaleur que dans le cas d'un cylindre sans chemise de vapeur et sans surchauffe, ce qui restreindrait de ce chef, par rapport à ce dernier cas, la valeur du rendement calorifique. Le second effet réside en ce qu'il y a peu ou point d'eau à se vaporiser pendant l'évacuation, ce qui constitue une amélioration dudit rendement, et représente un avantage analogue à l'unique effet bienfaisant dû à l'usage des chemises de vapeur. — Somme toute, la surchauffe procure une économie de 15 à 20 p. 100 de la dépense antérieure pour une valeur de 40° à 90°, ainsi que le constatent l'expérience précitée de M. Hirn, et des essais spéciaux entrepris, il y a quelques années, sur le vaisseau à vapeur le *Fontenoy*. Malheureusement, la surchauffe entraîne des inconvénients pratiques *sui generis* (n° 9₃, *Nouv. Mach. marines*) qui limitent singulièrement l'étendue qu'on peut lui donner.

Les conclusions précédentes supposent implicitement que la quantité de chaleur cédée par la surchauffe ait au moins la valeur minimum indiquée au n° IV pour les chemises de vapeur. Quand cette condition n'est pas remplie, la surchauffe employée seule est *inefficace*; mais elle ne devient pas pour cela nuisible, comme le deviendraient les chemises de vapeur. Par ailleurs, son action, ainsi qu'il a été annoncé au n° III, a besoin d'augmenter avec l'étendue de la détente.

N° VI. INFLUENCE DU FONCTIONNEMENT AU WOOLF SUR LES PHÉNOMÈNES CALORIFIQUES DE L'INTÉRIEUR DES CYLINDRES A VAPEUR. — Bien que nous ne nous soyons pas encore occupé jusqu'à présent des machines Woolf, il nous a semblé plus rationnel, afin de ne plus avoir à revenir sur l'importante question de l'action calorifique des parois des cylindres, de la traiter en une seule fois dans tous les cas possibles. Du reste, pour la comprendre dans le nouveau cas particulier où nous allons la considérer, il suffit de savoir que, dans les machines Woolf, la vapeur arrivant de la chaudière travaille dans un premier cylindre absolument de la même manière que lors d'un fonctionnement ordinaire, et, d'ailleurs, en général, avec une expansion *propre* plus ou moins étendue ; et qu'elle s'échappe de ce premier cylindre dans un ou deux autres à travers divers conduits et compartiments, formant *réservoir intermédiaire*. Il se produit alors une expansion *commune* d'abord à tous les cylindres et au réservoir intermédiaire, puis finalement à ce dernier et aux détendeurs : cette expansion est la détente au Woolf proprement dite. Enfin, généralement aujourd'hui, l'action motrice de la vapeur se termine par une détente *propre* dans les deuxièmes cylindres, d'où, dans tous les cas, le fluide s'évacue au condenseur. — Remarquons que, somme toute, la vapeur se détend dans le rapport du volume qu'elle occupe dans le ou les seconds cylindres au commencement de leur évacuation, au volume qu'elle occupe dans le premier cylindre, à la fin de l'introduction. Ce rapport s'appelle la détente *définitive* ou *effective*. Par ailleurs, toutes les détentes dont nous venons de parler sont *réelles* ou *apparentes*, selon que, dans leur évaluation, on tient compte ou non des espaces neutres.

Dans le premier cylindre, dit *cylindre admetteur*, que nous supposerons d'abord sans chemise de vapeur, les refroidissements pendant la période d'évacuation qui lui est propre se trouvent restreints comparativement à un cylindre ordinaire. Car d'abord la chute de pression de la vapeur, qui s'évacue au deuxième cylindre ou *cylindre détendeur*, s'effectue relativement d'une manière très lente ; et, d'autre part, il existe une bien moindre différence de température du premier cylindre à celui-ci que d'un cylindre ordinaire au condenseur. Il y a, dès lors, condensation modérée de la vapeur d'admission dans le cylindre admetteur, pour subvenir aux refroidissements inhérents à la période d'évacuation de ce cylindre dans le cylindre détendeur. D'ailleurs ces refroidissements ne constituent pas ici une perte absolue, car il en résulte en fait une cession de calorique à la vapeur pendant son expansion au Woolf ; et il se produit simplement une utilisation imparfaite de ce calorique. — En tout état de cause, d'après ce qui a été expliqué au n° III et conformément à des expériences *ad hoc*, il y a encore présentement tendance d'accumulation de liquide dans le cylindre admetteur ; mais ce liquide ne saurait, comme dans une machine ordinaire, être surtout entraîné par le courant de vapeur d'évacuation, attendu que ce courant possède ici beaucoup moins de vitesse. Cependant, en faisant jouer les purges du cylindre admetteur dans les machines Woolf, on reconnaît que ce cylindre, en dehors des cas anormaux, ne donne jamais d'eau. Cet état de choses s'explique aisément, en remarquant que la condensation pendant l'introduction audit cylindre étant très modérée, une grande partie du liquide précipité par cette condensation doit rester à l'état poudreux au milieu de la masse fluide.

Examinons maintenant ce qui se passe au *cylindre détendeur* supposé aussi sans chemise de vapeur. Pendant l'admission spéciale à ce cylindre, laquelle correspond en même temps à la détente au Woolf de la vapeur venant du cylindre admetteur, les parois se réchauffent aux dépens de cette vapeur, qui se condense en partie, ainsi que le constatent les diagrammes pris aux deux cylindres. En considérant simultanément les deux récipients pendant la détente au Woolf, on se trouve franchement dans le cas du principe 3°, donné au n° II : autrement dit, le cylindre admetteur fait fonction de vaporisateur, et le cylindre détendeur joue le rôle de condenseur. D'autre part, pendant la période d'évacuation du cylindre détendeur au condenseur, les parois de ce cylindre se refroidissent comme dans une machine ordinaire, sauf qu'ici la différence de température, d'où dépend principalement ce refroidissement, y est beaucoup moindre à même pression et à égal poids pour la vapeur sortant de la chaudière.

Somme toute, le Woolf employé *seul* atténue la perte **absolument inutile** due au refroidissement pendant l'évacuation au condenseur, en même temps qu'il réduit notablement le trouble apporté au fonctionnement *adiabatique* de la vapeur pendant son expansion entre les deux cylindres. — Il est intéressant de remarquer que Woolf en inventant son mode de détente, et, pendant bien longtemps après lui, ceux qui ont adopté ce mode, n'avaient en vue que d'améliorer la *transmission* du travail du piston moteur à l'arbre de couche, transmission qui devient très mauvaise dans les machines ordinaires avec forte expansion, à cause des grandes variations qu'éprouve alors la poussée dans le cours de chaque coup de piston. Ce n'est qu'à la longue, et à mesure que l'on a fonctionné à plus haute pression, que le Woolf a fini par être reconnu comme économique, surtout *à l'user*. Et même ce fait, qui est encore très débattu aujourd'hui, ne s'explique-t-il (n° XXIII) qu'en analysant avec soin d'abord l'influence tant de l'intervention calorifique des parois des cylindres que des chutes de pression entre l'admetteur et le détendeur sur le travail de la vapeur, et, en second lieu, le mode de production des fuites intérieures.

L'application au cylindre *détendeur* d'une chemise de vapeur *efficace* (voir n° IV ci-dessus) y prévient plus ou moins intégralement la condensation de la vapeur arrivant du cylindre *admetteur*, et peut même déterminer dans cette vapeur une vaporisation de particules liquides. Par là même, les parois du cylindre détendeur ne reçoivent plus présentement que peu ou point de chaleur de la part du fluide affluant. En fait, la chemise a ici sur la détente une action bien plus marquée que dans une machine ordinaire, surtout en subvenant au réchauffement desdites parois refroidies pendant l'évacuation de leur cylindre. Par contre-coup de la circonstance qui nous occupe, il y a d'abord un moindre refroidissement des parois de l'admetteur pendant sa propre période d'évacuation; et les condensations de la vapeur arrivant du générateur, déjà fort restreintes, avons-nous dit plus haut, par l'influence même du fonctionnement au Woolf, se réduisent à très peu de chose. De ce même contre-coup joint maintenant à l'action de la chemise pendant la période d'évacuation du détendeur au condenseur, il résulte que le refroidissement relatif à cette période se trouve notablement atténué, et dès lors plus économiquement réparable pendant l'admission audit cylindre.

On est porté à croire, d'après les développements précédents, qu'autant une chemise au cylindre détendeur est utile, autant elle a peu d'importance pour le cylindre admetteur, surtout si la vapeur arrive surchauffée de la chaudière, et que l'expansion directe propre au cylindre en question ne possède pas une grande étendue, comme cela a lieu souvent. Mais, en y regardant de plus près, on voit que si, pour un motif ou un autre, la vapeur se trouve humide au moment de la mise en communication des deux cylindres, la chemise de vapeur à l'admetteur devient nécessaire, afin de jouer le rôle de surchauffeur ou de sécheur par rapport à la vapeur, avant son admission dans le détendeur. Et même eu égard aux avantages propres de la surchauffe expliqués au n° V, on est conduit à conclure qu'une chemise de vapeur serait encore plus utile au cylindre admetteur qu'au cylindre détendeur, si elle avait une action très énergique.

Il nous reste à dire qu'une détente *propre* à chaque cylindre, qui est en principe recommandable (n° 13₃ et ₄, *Nouv. Mach. marines*) au point de vue de la douceur du fonctionnement, de la diminution des fuites intérieures surtout à l'*user*, et de la restriction si importante (n° 12₄ et ₈, *Nouv. Mach. marines*) de la chute de pression entre les deux cylindres, offre aussi des avantages *sous le rapport thermique*. Et effectivement, on voit d'abord que, pour le cylindre admetteur, la détente propre diminue l'écart de température entre les deux cylindres ; et par suite les parois du cylindre détendeur ont moins de chaleur à emprunter soit à la vapeur affluente s'il n'y a pas de chemise, soit en partie à cet appendice, s'il existe, ce qui, dans l'un et l'autre cas, est favorable au rendement calorifique. D'un autre côté, une détente propre au cylindre détendeur oblige nécessairement le piston du cylindre admetteur à refouler, pendant une fraction plus ou moins étendue de l'évacuation de ce cylindre, dans le réservoir intermédiaire, la vapeur qui va alimenter le détendeur à sa prochaine admission. Cette vapeur se trouve ainsi séchée, voire même parfois surchauffée, à l'avantage dudit rendement. — Pour assurer, par ailleurs, un semblable effet de séchage, ou mieux, si l'on peut, de surchauffage, il est nécessaire d'envelopper d'une chemise de vapeur le réservoir en question (n° 14, *Nouv. Mach. marines*). Il est vrai que, d'après le n° 5, des *Nouv. Mach. marines*, on se met ainsi en contradiction avec le principe général de thermodynamique, qui veut que toute chaleur incorporée au corps travailleur le soit dès le début de l'introduction de celui-ci dans la machine. Mais la seconde partie de ce principe, concernant la nécessité de ne soumettre le corps travailleur à aucun refroidissement avant qu'il ait effectué la moitié de son cycle d'opérations, se trouve violée inévitablement dans les machines à vapeur durant les périodes d'admission par suite de l'intervention calorifique des parois des cylindres ; dès lors la manière d'obtenir le meilleur rendement calorifique change de face.

Pour corroborer toutes les assertions précédentes relatives aux Woolf, nous citerons les résultats fournis par les *exemples* 5 et 6 donnés aux n°s XX et XXI, exemples qui se rapportent à une machine de l'espèce, où il n'y avait, par ailleurs, aucune détente propre aux deux cylindres, et où l'expansion au Woolf ne dépassait pas 4 1/2. Il existait, du reste, une chemise de vapeur enveloppant les deux cylindres, et dont on pouvait suspendre à volonté le fonctionnement. — Les résultats en question se résument comme il suit : 1° *Sans chemise de vapeur*, il n'y avait déjà que 7 p. 100 environ de vapeur condensée pendant l'admission ; et le calorique cédé aux parois du cylindre admetteur par cette condensation ne dépassait pas 5,3 p. 100 de la dépense totale. De son côté, le fluide pendant sa détente au Woolf fournissait aux parois du cylindre détendeur une quantité de chaleur valant 6,7 p. 100 de la même dépense. Enfin le refroidissement pendant l'évacuation au condenseur du cylindre détendeur atteignait 12 p. 100, et représentait, eu égard à l'absence d'expansion *propre* audit cylindre, toute la chaleur fournie aux parois de ce cylindre par la vapeur s'échappant du cylindre admetteur, et qui emportait alors de celui-ci le calorique susmentionné fourni par la condensation de la vapeur d'admission. — 2° *Avec la chemise de vapeur*, la condensation pendant l'introduction se bornait au chiffre très minime de 1,4 p. 100; et le calorique correspondant à cette condensation était réduit à 1 p. 100 de la dépense totale de calorique. Mais la chemise consommait jusqu'à 10 p. 100 environ de cette dépense, tout en ne laissant pénétrer dans les cylindres que les 2/3 de sa consommation de chaleur, soit, en nombre rond, 7 p. 100 de ladite dépense. Sur ces $1 + 7 = 8$ p. 100, il y avait environ 1 p. 100 fourni au condenseur par le cylindre détendeur durant l'évacuation, les 7 p. 100 restant étaient employés à réchauffer le fluide, et par suite à améliorer son travail durant la détente au Woolf, toutefois dans d'imparfaites conditions de rendement calorifique. — Il importe de remarquer que, dans les deux machines en question, les bénéfices que nous y avons mentionnés au point de vue de la restriction de l'influence nuisible de l'intervention calorifique des parois des deux cylindres, se trouvaient annihilés par les pertes de travail provenant d'une trop grande chute de pression entre ces deux récipients, par suite : 1° de l'étranglement de la vapeur dans son échappement du cylindre admetteur au cylindre détendeur, 2° du manque de détente *propre* à chacun des cylindres. C'est ce qui explique le médiocre rendement calorifique de ces machines, ainsi que leur consommation de combustible relativement élevée.

N° VII. Résumé. — L'étude raisonnée et expérimentale que nous venons de faire de l'intervention calorifique des parois des cylindres, conduit aux conclusions suivantes :

Dans toute machine à vapeur, disposée avec ou sans chemise de vapeur, fonctionnant avec ou sans surchauffe, et enfin travaillant à détente ordinaire ou au Woolf, il se forme en principe, durant l'admission, des condensations dans le cylindre en communication avec la chaudière. Les effets ainsi produits se trouvent plus ou moins marqués, suivant la disposition et le mode de fonctionnement de l'appareil, ainsi que l'étendue des parois du ou des cylindres par cheval, et peuvent, dans de certains cas, devenir considérables. — En tout état de cause, la chaleur provenant desdites condensations réchauffe les parois du cylindre où arrive la vapeur de la chaudière

préalablement refroidies pendant la détente et l'évacuation, effectuées
à ce cylindre même lors du coup de piston précédent. Dans les machines ordinaires et les Woolf, le réchauffement en question donne lieu
à une amélioration du travail afférent à la détente *propre* au cylindre
considéré. Toutefois cette amélioration correspond à une imparfaite
utilisation de la chaleur cédée, en ce sens que le fluide possède à la fin
de l'expansion plus de calorique qu'il ne le devrait. Par ailleurs, la
partie du réchauffement des parois qui n'a pas servi à l'usage précédent, est consommée *en pure perte* par le condenseur pendant l'évacuation, s'il s'agit d'une machine ordinaire. Mais avec les machines
Woolf, elle est utilisée pendant l'expansion commune aux deux
cylindres. Toutefois il y a aussi, dans ces dernières machines, un
refroidissement *en pure perte* pendant l'évacuation du cylindre détendeur au condenseur, refroidissement qui est du reste réparé soit
par une condensation plus ou moins marquée de la vapeur, au fur et à
mesure qu'elle pénètre dans le cylindre détendeur pour son expansion au Woolf, soit par la chemise de vapeur s'il y en a une à ce
cylindre. — Quoi qu'il en soit, la déperdition en question afférente
à la période d'évacuation au condenseur atteint toujours une valeur
maximum de régime, qui croît plus ou moins notablement quand il
n'existe ni chemise de vapeur ni surchauffe; et, *dans ce cas*, le degré
d'humidité de la vapeur d'introduction n'empire pas la situation.

Toutes choses demeurant égales d'ailleurs et en particulier le volume d'introduction, l'étendue de la détente (celle-ci étant considérée
du reste dans son développement *définitif* pour les machines Woolf)
tend, d'une part, à augmenter et, d'autre part, à diminuer ladite perte
pendant l'évacuation au condenseur. Il s'ensuit que souvent cette
perte est peu ou point influencée par l'étendue précitée, au moins
quand elle ne dépasse pas certaines limites, et si surtout il n'y a ni
chemise ni surchauffage : sans quoi, cette étendue tend à accroître
la perte qui nous occupe. Par ailleurs la valeur *relative* de cette perte,
c'est-à-dire sa valeur par cheval, varie en sens inverse de la vitesse
de rotation de la machine. En dehors des circonstances précédentes,
l'amélioration du rendement calorifique due à l'action de la détente
se trouve paralysée pour une étendue de celle-ci bien moindre que
la limite correspondant au cycle de Carnot, à cause de la mauvaise
utilisation du calorique que les parois du cylindre cèdent au fluide
pendant l'expansion. — Dès lors, le degré d'expansion donnant le
rendement calorifique maximum (n° 9, *Nouv. Mach. marines*) varie

avec l'étendue des parois du ou des cylindres par force de cheval, la pression d'introduction, et les conditions de fonctionnement de la machine, à savoir : enveloppes sèches, chemises de vapeur, surchauffe, Woolf, température du condenseur. Il est bien moindre qu'on ne l'avait cru jusque dans ces derniers temps, d'après les indications de la thermodynamique envisagée trop théoriquement.

Pour un degré de détente donné, le rendement calorifique maximum pratiquement réalisable (n° 5, *Nouv. Mach. marines*) exige : 1° que l'on réduise à son minimum le refroidissement du cylindre pendant l'évacuation; 2° que la vapeur travaille le plus adiabatiquement possible pendant l'expansion, et par suite que les parois fournissent ou enlèvent peu ou point de calorique à la vapeur qui se détend.

Le surchauffage de la vapeur donne en partie le premier de ces résultats; et, employé seul, il procure une fraction notable du second. — Il en est de même du Woolf, surtout avec une chemise de vapeur au cylindre admetteur; mais les avantages en question sont ici plus ou moins annihilés par les chutes de pression entre les deux cylindres. — De son côté, la chemise de vapeur appliquée au cylindre d'une machine ordinaire ou au cylindre détendeur d'une machine Woolf favorise, quand elle est *suffisamment active*, le premier résultat. Mais elle tend à compromettre le second, quand elle a trop d'énergie calorifique. En conséquence la chemise a besoin, pour être *efficace*, d'avoir une action *suffisante*, mais non *exagérée* (n° IV). Les deux limites d'activité dont il s'agit correspondent à l'évaporation intégrale de la rosée des parois au plus tôt à la fin de la détente et au plus tard à la fin de l'évacuation. Le point intermédiaire de ces deux limites fournissant le maximum d'efficacité, ne saurait se fixer que par l'expérience; et, au surplus, il doit varier avec chaque machine, son régime de marche et le degré d'humidité de la vapeur. Il y a du reste, en principe, grand intérêt à restreindre ce degré, au point de vue de l'économie *absolue* de combustible réalisable avec les combinaisons précédentes. C'est en nous plaçant à ce point de vue que nous avons considéré au n° 6, des *Nouv. Mach. marines*, l'emploi, dans les locomotives, de vapeur très humide comme extrêmement fâcheux. Mais, en l'absence desdites combinaisons, nous avons vu au n° III que cet emploi était *relativement* indifférent, ou à peu près.

En somme, le Woolf seul n'est pas suffisant pour procurer au rendement calorifique toute l'amélioration désirable, amélioration qui est d'autant plus importante à réaliser que la pression à la chaudière est plus considérable, et que l'expansion tend vers une limite élevée. Il en est de même de la surchauffe, surtout eu égard à l'impossibilité de la pousser un peu loin, sous peine de brûler les garnitures et les matières lubrifiantes, et d'amener des frottements trop durs et, par suite, des grippages aux parois de cylindre et aux barrettes de tiroir. Dès lors, il faut joindre à ces deux procédés la chemise de vapeur établie dans de bonnes conditions. Cet appendice doit en principe être appliqué au cylindre admetteur ainsi qu'au cylindre détendeur. Si on ne l'adaptait qu'à un cylindre, il devrait l'être de préférence au cylindre *admetteur*, dans le cas où son action pourrait être très énergique.

Les considérations que nous venons de développer expliquent les économies de 40 p. 100, et au delà, sur la dépense antérieure que l'association des trois procédés en question (fonctionnement au Woolf, surchauffe ou au moins séchage de la vapeur, et emploi de chemises de vapeur) a fait réaliser aux nouvelles machines, comparativement aux machines ordinaires nanties seulement d'une enveloppe sèche. L'économie ainsi obtenue est du reste moindre que la somme des économies propres à chaque procédé. D'autre part, elle correspond à une même pression à la chaudière et à un même degré d'expansion pour les appareils comparés, à cause de l'influence notable de ces deux éléments sur le rendement calorifique. Il importe d'ailleurs, avec le Woolf, de ne pas compromettre ses avantages *spécifiques* par de mauvaises dispositions et proportions des conduits et du réservoir intermédiaire entre le cylindre admetteur et le cylindre détendeur. On doit, dans le même but, faire de la détente *propre* aux deux cylindres, et réchauffer extérieurement ledit réservoir intermédiaire.

Les mêmes considérations prouvent aussi que les procédés en question sont de nature, surtout employés isolément, à ne procurer dans certains cas que des avantages insignifiants. Cela se conçoit d'autant mieux que des expériences, soit dynamométriques, soit calorifiques, conduites avec un soin médiocre, peuvent donner des différences de 10 p. 100 sur les résultats obtenus, ce qui oblitère toutes les comparaisons. Il y a d'ailleurs, pour le Woolf en particulier, à tenir compte des avantages qu'il est à même de procurer pour la douceur du fonctionnement, et par suite pour la conservation de la solidité de la machine, puis pour la restriction des fuites intérieures surtout à l'*user*.

On comprend dès lors les interminables discussions de ces dernières années, où les opinions les plus contradictoires ont été mises en avant, en ce qui concerne la valeur économique des procédés qui nous occupent. Au surplus, l'avantage relatif à l'application isolée de chacun d'eux ne saurait se résoudre, d'une manière générale, en un chiffre absolu et unique. Nous verrons au n° XXX jusqu'à quel point on peut pressentir leur influence respective sur le rendement calorifique. Par ailleurs, quand on a affaire à des machines présentant quelque vice radical, spécialement dans les dispositions relatives à la distribution et à la circulation de la vapeur, il peut arriver qu'un rendement très médiocre soit encore rendu plus mauvais par l'application d'une chemise de vapeur ou l'emploi de la surchauffe.

A l'appui de ce dire, nous citerons un exemple intéressant rapporté par M. Hirn. Il s'agissait d'une machine Woolf, où les deux cylindres coulés en une même masse de fonte avaient ainsi une partie de leurs surfaces latérales en contact intime. Ils étaient en outre desservis par un seul et même tiroir. La vapeur se trouvait, par ce tiroir unique, dirigée alternativement au haut et au bas du cylindre admetteur, au bas et au haut du cylindre détendeur, et enfin au condenseur. Il résultait de là deux faits défavorables des plus importants : 1° la chaleur amenée par la vapeur au cylindre admetteur traversait les parois en contact des deux cylindres pour aller au cylindre détendeur. Ce transport de chaleur, tout en accroissant le travail du cylindre détendeur, augmentait aussi nécessairement la condensation dans le cylindre admetteur pendant l'introduction ; et, tout compte fait, il diminuait de son chef l'utilisation du fluide ; 2° la vapeur, mêlée d'eau après la détente dans le cylindre détendeur, traversait, par suite de la disposition susmentionnée, la boîte du tiroir chauffée par la vapeur arrivant de la chaudière, et se rendait au condenseur plus chaude qu'elle ne le devait, en maintenant une trop forte contre-pression au cylindre détendeur. — En substituant de la vapeur surchauffée à la vapeur saturée, les effets précédents se trouvaient notablement accentués. Il en résultait en particulier que toute l'eau en suspension dans la vapeur d'évacuation du cylindre détendeur se trouvait évaporée instantanément sous l'influence, à travers les portions de parois en contact, de la vapeur surchauffée arrivant de la chaudière, et dont toute la chaleur spéciale était absorbée pour produire ce résultat déplorable. Somme toute, le rendement calorifique se trouvait sensiblement amoindri par l'emploi de la surchauffe.

§ 2. — Formules propres à évaluer l'influence de l'intervention calorifique des parois des cylindres dans les machines à vapeur; et applications numériques de ces formules.

N° VIII. Position du problème. — Divers ingénieurs ont proposé depuis quelque temps déjà des formules pour l'évaluation dont il s'agit. Mais chacune de ces formules est souvent écrite par ses auteurs sous des formes si différentes, qu'on est tenté d'y voir de nouvelles relations. D'ailleurs elles sont établies et présentées d'ordinaire d'une façon assez complexe et pour chaque cas particulier expérimenté, ce qui rend très laborieuse leur étude, et ne leur donne pas le degré de généralité voulu. En un mot, il nous semble que la question peut être présentée d'une manière plus nette et plus générale. Elle a besoin, au surplus, d'être développée, et rectifiée en divers points.

Pour être précis, il importe de rappeler que les *parois* du cylindre doivent s'entendre de sa surface latérale ainsi que de son fond ou couvercle et de la face du piston du côté où l'on considère la vapeur. Il faut ensuite bien fixer ce qu'on se propose de déterminer, à savoir :

1° La quantité de chaleur que cède aux parois du cylindre à chaque introduction, étant tenu compte des fuites de fluide, la vapeur affluente, soit *seule*, soit *de concert* avec la chemise de vapeur, s'il y en a une, et avec le calorique que dégage le frottement du piston, défalcation faite des refroidissements externes pour la période considérée ;

2° La quantité de chaleur cédée à tout le fluide présent dans le cylindre (vapeur et eau) durant la détente, par les parois, soit *seules*, soit *de concert* comme en 1° ;

3° La quantité de chaleur cédée à tout le fluide présent dans le cylindre durant l'évacuation, par les parois, soit *seules*, soit *de concert* comme en 1° ; dans la dernière de nos deux hypothèses, on a le refroidissement total au cylindre pendant l'évacuation ;

4° La réduction du rendement calorifique due exclusivement à l'intervention thermique des parois ;

5° Des expressions conformes aux indications mentionnées en 5° et 6°, n° I, pour la dépense de vapeur et le rendement calorifique.

N° IX. Légende générale des lettres employées dans les diverses formules et exemples qui vont suivre. — Avant d'entamer la détermination des quantités susmentionnées, il importe de donner la légende générale suivante des lettres appelées à y figurer pour une machine ordinaire (réservant pour plus loin les indications spéciales aux Woolf). Cette légende a été du reste rédigée par ordre méthodique.

D, C diamètre et course du piston.

ii' fractions de la course du piston, correspondant à la période d'introduction d'une part, et à la fin de la détente, et par suite au commencement de l'évacuation, d'autre part.

N_0 nombre de Kg de vapeur et d'eau fournie par la chaudière exclusivement pour le cylindre à chaque coup de piston. C'est pour simplifier les formules que nous préférons considérer cette portion de fluide plutôt que la consommation *totale* de vapeur. Dans les expériences faites pour déterminer l'influence calorifique des parois des cylindres, la consommation totale se mesure directement ($n° 3_9$, *Nouv. Mach. marines*) au générateur; et l'on obtient N_0 en retranchant de cette consommation les quantités φ, γ et ε définies ci-après.

a proportion de vapeur sèche par Kg des N_0^{kg} susmentionnés. Cette quantité se calcule soit par une expérience *ad. hoc* ($n° XXIV$) en recueillant dans un vase clos de la vapeur, juste avant son entrée dans le cylindre, soit ($n° XXV$ et $n° 3_9$, *Nouv. Mach. marines*) d'après le poids d'eau refroidissante employée au condenseur. — Il importe de remarquer que la valeur de a, concernant la vapeur juste *avant* son entrée même dans le cylindre, diffère de la valeur afférente à la vapeur *à* son entrée même dans le cylindre, si la valve est plus ou moins fermée. Pour bien des raisons, il serait difficile de calculer par une expérience directe, la dernière des valeurs en question. — Par ailleurs, la première diffère aussi de la proportion concernant le fluide à sa sortie même de la chaudière, à cause des condensations qui se produisent pendant le parcours de celui-ci entre les deux récipients. Mais il est facile de passer de l'une à l'autre de ces proportions, à l'aide de la quantité φ donnée ci-après, pourvu qu'on admette que toute l'eau formée pendant ledit parcours est entraînée par la vapeur.

P_0 pression absolue en Kg par $m. c.$ de la vapeur juste *avant* son entrée dans le cylindre : cette pression surpasse, moins, ou plus, celle *à* l'entrée même du fluide dans le cylindre, suivant le degré d'ouverture de la valve. Elle ne peut donc se déduire de la première ordonnée du diagramme d'indicateur, comptée de la ligne du vide absolu, que lorsque la valve est ouverte en grand. Sinon, il faut l'obtenir avec un manomètre très sensible et à divisions successives très rapprochées.

t_0 température de la même vapeur.

d_0 poids en Kg du mètre cube de ladite vapeur.

t'_0 température de surchauffe pour le cas où les N^{kg}_0 sont surchauffés, ce qui entraîne incidemment $a = 1$; cette température doit être mesurée *avant* l'entrée même du fluide dans le cylindre.

Q_0 chaleur de transformation au-dessus de $0°$ ($n° 7_1$, *Nouv. Mach. marines*) des N^{kg}_0 de fluide précités.

t_1 température de l'eau d'alimentation.

φ poids de vapeur, au même degré d'humidité ou de surchauffé que N_0, destiné à tenir compte des refroidissements subis par le fluide dans le tuyau d'arrivée de vapeur, et déterminés suivant les règles de la calorimétrie.

γ poids de vapeur consommé à chaque coup de piston par la chemise de vapeur, quand il y en a une.

γ' dépense de chaleur afférente à la consommation précédente. On a évidemment, d'après le $n° 7_2$, *Nouv. Mach. marines*, $\gamma' = \gamma \times [a\lambda_0 + C'(t_0 - t_1)]$; toutefois, ceci suppose que la vapeur liquéfiée de la chemise se rend au condenseur, au lieu de faire retour à la chaudière comme cela a lieu quelquefois.

ε poids de vapeur correspondant à la dépense occasionnée par les extractions, quand on en pratique.

P, P' pressions absolues en Kg par $m. c.$ de la vapeur dans le cylindre au moment des fractions de course i, i'. Chacune de ces pressions se déduit de l'ordonnée du diagramme d'indicateur, comptée de la ligne du vide absolu, correspondant à la fraction de course voulue. — Conformément à l'expérience, la vapeur se trouve d'ordinaire, mais avec des degrés différents d'humidité, à l'état de saturation dans le cylindre pendant les divers moments de la détente, même dans le cas de chemise à vapeur et de surchauffage (n°ˢ IV et V), à moins que l'action en résultant ne soit excessive, ce qui n'a généralement pas lieu. Nous indiquerons, au n° XI, comment, dans les essais *ad hoc* entrepris pour étudier l'influence thermique des parois des cylindres, on peut s'assurer que les choses se passent effectivement comme nous venons de le dire, et, sinon, comment on ramène fictivement la réalité à notre hypothèse.

t, t' températures de saturation de la vapeur correspondant aux pressions p, p'.

d d' poids en Kg du mètre cube de vapeur saturée aux pressions p, p'.

C' capacité calorifique moyenne de l'eau entre les températures extrêmes où on la considère dans chaque cas. Cette quantité, qui naturellement est variable avec lesdites températures, diffère toujours très peu de 1. Nous ne l'avons introduite dans nos formules que pour permettre de tenir compte, au besoin, de ses valeurs rigoureuses propres à chaque cas.

λ_0, λ, λ', chaleurs latentes de vaporisation (n° 7₂, *Nouv. Mach. marines*) aux pressions de saturation p_0, p, p'.

$(\lambda_0 - Ap_0 u_0)$, $(\lambda - Apu)$, $(\lambda' - Ap'u')$, chaleurs latentes internes (n° 7₂, *Nouv. Mach. marines*) de la vapeur aux mêmes pressions.

T_d, T'_d travaux moteurs *absolus*, déduits de l'indicateur, que la vapeur engendre en poussant le piston, depuis le commencement de la course jusqu'aux fractions i, i' de celle-ci.

T''_d travail moteur *effectif* produit dans une allée du piston.

$A = \dfrac{1}{425}$, inverse de l'équivalent mécanique de la calorie.

n, n' poids de vapeur saturée sèche, déduits du diagramme d'indicateur, existant dans le cylindre au moment des fractions de course i, i'. En considérant comme nul par rapport au volume de vapeur le volume d'eau présent au même instant, l'un ou l'autre de ces poids est évidemment donné par une expression de la forme

$$\left(\pi \frac{D^2}{4} C \times (i \text{ ou } i') + espace\ neutre \right) \times (d \text{ ou } d').$$

n_0 poids de fluide restant dans l'espace neutre à la fin de la compression. Ce poids se déduit aisément du diagramme d'indicateur. Il suffit pour cela de remarquer qu'au commencement de la compression le volume de vapeur qui va être refoulé est de la vapeur saturée sensiblement sèche, en raison de l'action vaporisatrice des parois du cylindre pendant l'évacuation. Or on connaît, par le diagramme, ce volume ainsi que la pression et, par suite, la densité du fluide; on déduira donc de là le poids de celui-ci.

n'_0 poids précédent ramené fictivement à un poids de vapeur sèche à la même pression et température que le fluide *avant* son entrée même dans le cylindre. A l'aide du volume ainsi que de la pression que la vapeur refoulée possède à la fin de la compression et que donne encore le diagramme, on aura le poids de ce volume si la vapeur était saturée sèche; ce poids comparé avec n_0 donnera le degré d'humidité de ladite vapeur; ce qui permettra de calculer toute la quantité de chaleur qu'elle renferme au-dessus de 0°. Dès lors, on aura évidemment n'_0 en divisant la quantité précédente par la quantité de chaleur que possède, au-dessus de 0°, 1 Kg de vapeur pris dans les mêmes conditions que le fluide *avant* son entrée même dans le cylindre. Le plus souvent les quantités n_0 et n'_0 sont sensiblement égales.

Q, Q' quantités de chaleur au-dessus de zéro que renferme *toute* la masse fluide (eau et vapeur) contenue dans le cylindre aux fractions de course i, i', y compris la partie occupant l'espace neutre.

B, B' quantités de chaleur cédées aux parois du cylindre pendant l'introduction par la vapeur d'admission, soit *seule*, soit *de concert* avec la chemise de vapeur, s'il y en a une, et avec le calorique que dégage le frottement du piston, défalcation faite des refroidissements extérieurs.

b, b' quantités de chaleur qu'emporte la vapeur surtout par les fuites intérieures s'effectuant dans le milieu (condenseur ou atmosphère) où s'opère l'évacuation, et secondairement par les fuites extérieures, s'effectuant autour du cylindre : ces quantités étant comptées depuis le commencement de la course du piston jusqu'aux fractions de course i, i'. Pour simplifier, nous supposerons que les poids d'eau correspondant auxdites fuites sont négligeables, ce qui est en général permis, à moins qu'on n'ait af faire à une machine dans un état déplorable. Nous admettrons en outre que b' convient aussi à toute la course, eu égard au peu d'étendue de l'avance à l'évacuation.

ρ échauffement que subissent les parois du cylindre en avant du piston pendant la période de compression. Cet échauffement est d'ordinaire négligeable; mais il faut en tenir compte quand ladite période acquiert une grande valeur, comme dans les locomotives, où, aux marches à grande détente par le secteur, elle atteint souvent 0,3 de la course du piston. L'échauffement qui nous occupe s'obtient en calculant d'abord la quantité de chaleur correspondant au travail de compression déduit de l'indicateur, puis en retranchant de cette quantité le calorique que renferme le poids n_0 au-dessus de ce qu'il possédait au début de la compression.

H, H' quantités de chaleur cédées au fluide (eau et vapeur) présent au cylindre pendant la détente, par les parois du cylindre, soit *seules*, soit *de concert* avec le calorique dû à la chemise, s'il y en a une, et au frottement du piston, défalcation faite des refroidissements extérieurs.

R, R' quantités de chaleur cédées au fluide et par suite au condenseur (ou à l'air extérieur) pendant l'évacuation, par les parois du cylindre, soit *seules*, soit *de concert* avec la chemise de vapeur, s'il en y a une, et avec le calorique que dégage le frottement du piston, défalcation faite des refroidissements extérieurs.

h, h' quantités de chaleur que fournit au cylindre la chemise de vapeur, s'il y en a une, du côté du piston où la vapeur travaille, et cela depuis le commencement de la course jusqu'aux fractions i, i' de celle-ci. Nous admettrons que h' convient aussi à toute la course, eu égard à la faible étendue de l'avance à l'évacuation. Il importe de rappeler, comme il a été dit n° IV, que h est en principe très faible, sinon *nul*.

η, η' quantités de chaleur que fournit au cylindre, du côté du piston où la vapeur s'évacue la chemise de vapeur dans les mêmes intervalles de temps qu'elle fournit h, h'. — La somme $(h' + \eta')$ pour un coup de piston peut se déterminer expérimentalement en recueillant avec soin, pendant un nombre donné de tours, l'eau provenant de la condensation de la vapeur à l'intérieur de la chemise, et en mesurant sa température à la sortie de la chemise. Ladite somme est toujours un peu moindre que γ', au moins quand la chemise évacue au condenseur. Au surplus, il reste à retrancher de la quantité de chaleur ainsi obtenue, le calorique dépensé par le refroidissement extérieur de la chemise. Ce calorique s'englobe d'ordinaire dans les quantités de l'espèce h_2, η_2 légendées ci-après. La somme $(h + \eta)$ ne peut guère se déduire que par à peu près de $(h' + \eta')$. Dans tous les cas, la répartition de chaque somme de la forme $(h + \eta)$ entre les deux parties h et η, est impossible à faire rigoureusement; et elle varie du reste avec les fractions considérées de la course du piston.

Les auteurs, comme MM. Hirn, Leloutre et Hallauer, qui se sont occupés de l'action des chemises, ont omis d'établir la distinction que nous venons de signaler pour les deux parties des quantités de l'espèce $(h + \eta)$; et ils ont ainsi rendu obscur l'établissement de leurs diverses formules. Ils ont commis une omission du même genre en ce qui concerne les quantités de l'espèce $(h_1 + \eta_1)$, $(h_2 + \eta_2)$ définies ci-après. — En tout état de cause, pour la durée entière d'une course, nous supposerons *grosso modo* les deux parties susmentionnées, h' et η' égales entre elles; car si, d'une part, il existe en avant du piston un plus grand écart de la température entre la vapeur de la chemise et la vapeur qui s'échappe au condenseur, la quantité de gouttelettes liquides qui a le temps de se vaporiser en arrière de cet organe pendant la détente, se trouve plus considérable que la quantité qu'il y a à vaporiser en avant pendant l'évacuation. Du reste, on n'a besoin qu'exceptionnellement d'avoir recours à la répartition dont il s'agit.

h_1, h'_1 quantités de chaleur que fournit au cylindre, du côté du piston où la vapeur travaille, le dégagement de calorique dû au frottement du piston, depuis le commencement de la course jusqu'à chaque fraction i, i' de celle-ci. Nous admettrons que h'_1 convient aussi à toute la course.

η_1, η'_1 quantités de chaleur que fournit au cylindre, du côté du piston où la vapeur s'évacue, le même dégagement de calorique. Chaque somme de la forme $(h_1 + \eta_1)$ peut s'obtenir expérimentalement. A cet effet, on mesure la force nécessaire pour mouvoir le piston à froid. Une fois cette force connue, on en déduit le travail correspondant au frottement du piston pour la fraction considérée de sa course; et on divise ce travail par l'équivalent mécanique de la calorie. — Il est d'ailleurs rationnel de supposer que la deuxième partie de ladite somme se réduit toujours à peu de chose; car ce sont les portions de parois venant d'être frottées qui absorbent le calorique dégagé, et le conservent presque intégralement.

h_2, h'_2 quantités de chaleur que font perdre au cylindre, du côté du piston où la vapeur travaille, les refroidissements extérieurs, depuis le commencement de la course jusqu'aux fractions i, i' de celle-ci. Nous admettrons que h'_2 convient aussi à toute la course.

η_2, η'_2 quantités de chaleur que le cylindre perd de la même manière que ci-dessus, du côté du piston où la vapeur s'évacue. — Chaque somme de la forme $(h_2 + \eta_2)$ s'obtient aisément avec les données renfermées dans le *Traité de la chaleur* de Péclet, d'après la différence de température existant entre la surface de l'enveloppe et des fonds du cylindre et l'air ambiant, et d'après la nature et l'étendue de cette même surface. Elle est proportionnelle au temps considéré. Le rapport de la première partie de la somme à la seconde partie est évidemment égal à l'unité, quand on considère toute la course du piston.

Q_1 quantité de chaleur totale *réellement* dépensée. On a évidemment, d'après le n° 7_2 des *Nouv. Mach. marines* et les significations données ci-dessus de h'_1 et η'_1 :

$$Q_1 = (N_0 + \varphi + \gamma + \varepsilon) \times [a\lambda_0 + C'(t_0 - t_1)] + (h'_1 + \eta'_1).$$

N poids total de vapeur *saturée sèche* représentant la même dépense de chaleur que le poids de vapeur de la chaudière $(N_0 + \varphi + \gamma + \varepsilon)$. On a évidemment $N = \dfrac{Q_1 - (h'_1 + \eta'_1)}{\lambda_0 + C'(t_0 - t_1)}$.

Q quantité de chaleur *fictive* qu'on dépenserait avec l'introduction donnée au cylindre, si les parois de celui-ci et le tuyau d'arrivée de vapeur étaient *adiabatiques*, et si d'ailleurs il n'existait aucune espèce de fuite.

q augmentation de la dépense de chaleur occasionnée par l'intervention calorifique inévitable des parois du cylindre et par les fuites de vapeur, tant internes qu'externes; cette augmentation est du reste explicitée au n° XIII.

q' partie de l'augmentation précédente q due exclusivement à l'action calorifique des parois du cylindre.

θ_d différence entre le travail moteur *absolu* produit réellement pendant la détente, et celui qui serait obtenu avec l'expansion adiabatique de la quantité de vapeur remplissant fictivement le volume d'admission et l'espace neutre avec le degré d'humidité ou de surchauffage que possède le fluide, soit à son entrée même dans le cylindre, soit, si la valve est plus ou moins fermée, à la fin de l'introduction supposée adiabatique. On admettra d'ailleurs qu'il n'y a aucune fuite intérieure de vapeur pendant ladite expansion. La différence qui nous occupe peut être négative.

r réduction des rendements calorifique et spécifique (n° 5_2 et 3, *Nouv. Mach. marines*), ou augmentation de la consommation de vapeur et par suite de combustible résultant de la perte de chaleur q', évaluée en *quantum pour cent* du rendement ou de la consommation *fictive* réalisable avec des parois de cylindre adiabatiques.

r' même réduction ou augmentation qu'en r, mais évaluée en *quantum pour cent* du rendement ou de la consommation *réelle*.

N° X. Détermination des quantités de chaleur B et B' reçues par les parois du cylindre a chaque introduction. Considérons la quantité de chaleur Q_0 renfermée dans N_0^{kg}, de fluide au-dessus de 0°. Nous aurons d'après le n° $7_{2 \text{ et } 7}$ des *Nouv. Mach. marines* :

$$(1) \quad \begin{cases} Q_0 = N_0 a\lambda_0 + N_0 C' t_0, \text{ dans le cas de vapeur humide;} \\ Q_0 = N_0 \lambda_0 + N_0 [C' t_0 + 0{,}48 (t'_0 - t_0)], \text{ dans le cas de vapeur surchauffée, en se} \\ \quad \text{rappelant que } 0{,}48 \text{ est la chaleur spécifique de cette vapeur sous pression} \\ \quad \text{constante.} \end{cases}$$

Il importe de remarquer que les divers éléments des formules précédentes se rapportent à la vapeur *avant* son entrée même dans le cylindre. On pourrait les considérer aussi pour *le moment même* de cette entrée; mais leurs valeurs se ressentiraient de l'étranglement de la vapeur, surtout eu égard au degré d'ouverture de la valve, sauf toutefois pour N_0 évidemment, et pour Q_0 parce que (n° 7_{11}, *Nouv. Mach. marines*) la force vive résultant de l'étranglement se retransforme en calorique, qui ne restitue pas, il est vrai, à la vapeur sa température première, mais qui la rend plus sèche.

D'autre part, il est manifeste qu'à la fin de l'introduction on a :

$$(2) \qquad Q = n(\lambda - Apu) + (N_0 + n_0)C't.$$

À la rigueur, il faudrait ajouter au second membre de l'équation, la quantité de chaleur afférente à la force vive que possède la vapeur eu égard à la vitesse du piston. Mais la correction serait absolument insignifiante.

En retranchant Q de Q_0, nous obtiendrons la relation ci-après, qui se rapporte au cas de *vapeur humide :*

$$Q_0 - Q = N_0 a \lambda_0 + N_0 C'(t_0 - t) - n_0 C't - n(\lambda - Apu);$$

et la relation suivante, qui se rapporte au cas de *vapeur surchauffée :*

$$Q_0 - Q = N_0 \lambda_0 + N_0[C'(t_0 - t) + 0,48(t'_0 - t_0)] - n_0 C't - n(\lambda - Apu).$$

Mais on a évidemment, d'après la signification même des lettres considérées :

$$Q_0 + n'_0[C't_0 + (\lambda_0 - Ap_0 u_0) + 0,48(t'_0 - t_0) \text{ s'il y a surchauffe}] - Q$$
$$= AT_d + B - b.$$

D'où on tire, d'après la valeur ci-dessus de $(Q_0 - Q)$, et eu égard à la faible différence habituelle entre n_0 et n'_0 :

$$(3) \quad B = N_0 a \lambda_0 + (N_0 + n_0)C'(t_0 - t) + n'_0(\lambda_0 - Ap_0 u_0) - AT_d - n(\lambda - Apu) + b;$$

$$(4) \quad B = N_0 \lambda_0 + (N_0 + n_0)[C'(t_0 - t) + 0,48(t'_0 - t_0)] + n'_0(\lambda_0 - Ap_0 u_0)$$
$$- AT_d - n(\lambda - Apu) + b;$$

$$(3 \text{ bis}) \qquad B' = B + h + h_1 - h_2.$$

L'une ou l'autre des formules (3) ou (4) permet de déterminer B d'après un diagramme; puis la relation (3 *bis*) donne B' lorsqu'on peut se procurer les éléments renfermés après B dans le second membre.

En se reportant, dans la légende, à la signification de n'_0, on voit que le poids de vapeur condensée pendant l'introduction est égal, sinon toujours rigoureusement au moins très approximativement, à $(N_0 a + n'_0 - n)$ si la vapeur d'admission est saturée, et à $(N_0 + n'_0 - n)$

si cette vapeur est *saturée sèche* ou surchauffée. — Remarquons que la condensation dont il s'agit a lieu à peu près sous la pression constante P. On en conclut que la quantité de chaleur correspondante est égale à $(N_0 a + n'_0 - n) \lambda$ ou $(N_0 + n'_0 - n)\lambda$. Dès lors, d'après la signification expresse de B, on a comme nouvelle expression de cette quantité :

$$(5) \qquad B = (N_0 a + n'_0 - n) \lambda + b ;$$

ou dans le cas de vapeur *saturée sèche* ou *surchauffée* :

$$(6) \qquad B = (N_0 + n'_* - n) \lambda + b.$$

Puis, dans tous les cas, on aura encore B' par la relation (3 *bis*).

N° XI. DÉTERMINATION DES QUANTITÉS DE CHALEUR H' ET H CÉDÉES A LA VAPEUR PENDANT LA DÉTENTE. Reportons-nous à l'expression (2) qui convient à la fin même de l'introduction dans le cylindre. En accentuant toutes les lettres qui changent de valeur pour une nouvelle position du piston, nous obtiendrons une nouvelle relation analogue, que nous regarderons comme convenant à la fin de la détente, laquelle fin correspond, répétons-le encore, au commencement de l'avance à l'évacuation. Nous aurons ainsi :

$$(2 \; bis) \qquad Q' = n' (\lambda' - AP'u') + (N_0 + n_0)C't'.$$

Avant d'aller plus loin il importe de remarquer que nous venons de supposer implicitement, comme nous en avons prévenu en P, P' dans la légende générale donnée au n° IX, que la vapeur demeure saturée, avec plus ou moins d'humidité, pendant la détente. On s'apercevrait que cette hypothèse n'est pas licite, si le calcul de n', tel qu'il est indiqué dans ladite légende, donnait $n' > (N_0 + n_0)$. En pareil cas, on se trouverait en face d'un poids de vapeur surchauffée valant, aux fuites près, $(N_0 + n_0)$. Connaissant d'après le volume qu'occupe ledit poids, le volume spécifique de la vapeur considérée, et, d'après le diagramme, la pression de cette vapeur, on en déduirait facilement (n° 7, *Nouv. Mach. marines*) son degré de surchauffe, puis le poids n' de vapeur saturée sèche à la pression P' renfermant le même calorique au-dessus de 0°, et qui entrerait dans la formule.

En tout état de cause, retranchant membre à membre l'équation (2) donnée au n° X de l'équation (2 *bis*) que nous venons d'écrire, on trouvera :

$$(Q' - Q) = n' (\lambda' - AP'u') - n (\lambda - APu) - (N_0 + n_0)C' (t - t').$$

Mais $(Q' - Q) + (b' - b)$ n'est autre que la quantité de chaleur totale gagnée ou perdue par le fluide (eau et vapeur) présent dans le cylindre pendant la détente, et dont la partie correspondant à $(b' - b)$ a disparu au fur et à mesure par les fuites. Dès lors on a manifestement, en faisant attention aux significations des lettres :

$$(Q' - Q) + (b' - b) = H' - A(T'_d - T_d).$$

De cette relation et de la précédente, on déduit la formule importante que voici :

$$(7) \quad H' = n'(\lambda' - AP'u') - n(\lambda - APu) - (N_0 + n_0)C'(t - t') + A(T'_d - T_d) + (b' - b).$$

Puis, on a évidemment :

$$(7 \; bis) \qquad H = H' - (h' - h) - (h'_1 - h_1) + (h'_2 - h_2).$$

La première (7) de ces formules permet de calculer, à l'aide d'un diagramme, la quantité de chaleur *totale* gagnée par le fluide (eau et vapeur) présent dans le cylindre pendant la détente. La seconde formule (7 *bis*) donnera la quantité de chaleur cédée exclusivement par les parois à la vapeur durant l'expansion, en admettant, comme on le verra dans les exemples donnés aux n°⁵ XVI à XXII, que l'expérience permette de déterminer les éléments du second membre.

Par ailleurs, la quantité $(n' - n) + \left(\dfrac{b' - b}{\frac{1}{2}(\lambda' + \lambda)} \right)$ indique très approximativement le poids d'eau qui s'est vaporisé pendant l'expansion.

Si, au lieu de prendre pour second moment considéré la fin même de la détente, on s'arrêtait à une fraction quelconque de cette période, les calculs précédents donneraient alors ce qui se passe pendant cette fraction de période. On pourrait de la sorte connaître de proche en proche les phénomènes intimes que l'expansion détermine. C'est ainsi qu'on est parvenu à établir le fait énoncé au n° III, que les parois du cylindre fournissent, pendant la détente, une quantité de chaleur sensiblement constante pour des fractions de course égales. Mais, en général, les applications des formules (7) et (7 *bis*) se bornent à la détente tout entière.

La quantité H' peut encore se calculer par un autre procédé. Remarquons, à cet effet, que, au moins dans une machine ordinaire (mais non de Woolf, comme il est expliqué au n° XIII), on peut admettre que toute la masse de fluide est à chaque instant en équilibre de température. Or la formule générale (27) du n° 7, des *Nouv. Mach. marines*, donne :

$$q = C'(t_1 - t) + (\lambda_1 a_1 - \lambda a) - \frac{\lambda a(t_1 - t)}{273 + t}.$$

Appliquons cette relation au poids de fluide $(N_0 + n_0)$, en convenant que la quantité de chaleur q sera ici posée égale à $\nu C' \times$ *variation élémentaire de t* prise positivement, en désignant par ν un certain poids d'eau, dont l'échauffement représenterait : 1° le calorique cédé *en propre* par les parois pendant la détente; 2° la quantité de chaleur $[(h' - h) + (h'_1 - h_1) - (h'_2 - h_2)]$. Le calcul intégral conduit alors facilement à la relation (*) :

$$(8) \qquad (N_0 + n_0 + \nu) C' \times 2,3026 \log \frac{273° + t}{273° + t'} = \frac{\lambda' n'}{273° + t'} - \frac{\lambda n}{273° + t} + \frac{(b' - b)}{273° + t}.$$

Une fois ν connu, nous aurons évidemment :

$$(8 \; bis) \qquad H' = C'\nu(t - t').$$

H se calculera ensuite comme ci-dessus, par la relation (7 *bis*).

N° XII. Détermination des quantités de chaleur R et R′ cédées au condenseur pendant l'évacuation. La quantité R s'obtient en remarquant qu'une fois un régime calorifique déterminé établi pour les parois du cylindre, *toute* la chaleur $B' + \rho$ qu'elles reçoivent *à chaque coup de piston* pendant l'admission et la compression, doit disparaître par la cession H et R de calorique qu'elles fournissent *en propre* au fluide (eau et vapeur) présent dans le cylindre pendant la détente et l'évacuation. On doit donc avoir : $B' + \rho = H + R$. D'où on tire :

$$(9) \qquad R = B' + \rho - H.$$

De son côté, la quantité R′, qui est le refroidissement *total* au cylindre pendant l'évacuation, se compose d'abord de la chaleur R abandonnée *en propre* par les parois, puis de b' (considéré abstraction faite des fuites extérieures), et enfin du calorique $(\eta' + \eta'_1 - \eta'_2)$ cédé, du côté du piston où a lieu l'évacuation, par la chemise, s'il y en a une, et par le frottement du piston après déduction des refroidissements externes pour la période considérée.

On pourrait croire d'après cela que la détermination de R′ exigerait la connaissance des portions η', η'_1, η'_2 des sommes $(h' + \eta')$, $(h'_1 + \eta'_1)$, $(h'_2 + \eta'_2)$, qui ne peuvent chacune se relever expérimentalement qu'en *bloc*, et non par parties. Or ceci obligerait à faire la

---

(*) D'après la manière d'évaluer q dont nous venons de parler, ladite formule (27) donne, en l'appliquant à une masse fluide pesant $(N_0 + n_0)$, et en remarquant d'ailleurs que dans cette formule a peut être remplacé par $\dfrac{n}{N_0 + n_0}$, l'équation différentielle :

$$\nu C' \times d(273° + t) = -(N_0 + n_0) C' \times d(273° + t) - d(\lambda n + b) + \frac{(\lambda n + b) \times d(273° + t)}{(273° + t)},$$

d'où l'on tire la relation (8) du texte.

répartition de chacune de ces sommes entre leurs deux parties, ce qui ne laisserait que d'être fort aléatoire, au moins pour la somme concernant la chemise, suivant ce qui a été dit dans la légende générale du n° IX. Mais d'après la valeur précédente de R, et celles de B' et de H en fonction de B et de H' données par les formules (3 *bis*) et (7 *bis*), on a, tout calcul fait :

$$(9\ bis) \quad R' = (B - H' + \rho + b') + (h' + \eta') + (h'_1 + \eta_1) - (h'_2 + \eta'_2).$$

Or, d'après lesdites formules, et comme nous le verrons en outre dans les *exemples* donnés aux n°° XVI à XXII, la valeur de $(B - H' + b')$ se présente toujours sous la forme d'un nombre *connu* de calories, du moins quand on peut, en expérimentant, annuler les fuites de vapeur, d'où résulte b'. Donc R' est alors complètement et rigoureusement déterminable.

Remarque importante. Si, par suite d'une détente suffisamment prolongée, la pression de la vapeur au commencement de l'évacuation était égale à celle du condenseur, la quantité R deviendrait sensiblement nulle, car il n'y a plus refroidissement des parois par évaporation des gouttelettes susceptibles de s'y trouver ; conséquemment on aurait $B' + \rho = H$. Autrement dit, toute la chaleur fournie aux parois pendant l'admission et la compression serait alors égale au calorique cédé à la vapeur pendant la détente par les parois *seules*. De $B' + \rho = H$, on déduit, à l'aide des équations (3 *bis*) et (7 *bis*) : $B - H' = -\rho - h' - h'_1 + h'_2$. Il en serait encore sensiblement de même, si la vapeur renfermée dans le cylindre était sèche au début de l'évacuation. Or on peut s'en assurer comme il a été dit au n° XI, quand on connaît N_0, ou sinon dans une certaine mesure, comme il est indiqué au n° XXVII, d'après la seule connaissance du diagramme. — Nous aurons à invoquer au n° XXVII la remarque importante que nous venons de faire.

— Il y a moyen de calculer R' autrement que nous venons de l'expliquer, à l'aide de données relatives au condenseur. Ce nouveau procédé fournit un moyen de contrôle, et permet d'évaluer le degré d'approximation des essais. Supposons d'abord que le condenseur soit à injection, et qu'on appelle :

N_1 le poids d'eau recueilli par chaque coup du piston à la sortie de la bâche, lequel poids est égal au poids de l'eau injectée, augmenté du poids de fluide $(N_0 + \gamma)$ consommé par le cylindre et la chemise de vapeur, s'il y en a une, et qu'elle se purge au condenseur, comme c'est le cas le plus habituel ;

t_1 la température de l'eau de condensation, qui est en même temps l'eau d'alimentation ;

τ' la température de l'eau d'injection, ce qui donne $(t_1 - \tau')$ pour l'écart des températures extrêmes possédées par l'eau d'injection ;

h_3 la quantité de chaleur développée par le frottement du piston de pompe à air dans chaque course, diminuée des refroidissements externes subis par la vapeur à travers le tuyau d'évacuation ;

c le travail de la compression proprement dite dans le cylindre à vapeur ;

n' et v_1 le poids de vapeur considérée comme saturée sèche, remplissant le cylindre aux moments où commencent l'évacuation, puis la compression ;

λ_1, P_1 ; u_1 les représentations bien connues des éléments se rapportant à l'état de la vapeur pendant l'évacuation.

Pour résoudre alors la question, nous admetterons encore que les fuites *extérieures* sont négligeables. Puis nous reportant à la légende générale du n° IX, nous aurons évidemment l'équation suivante, en considérant les deux formes sous lesquelles on est libre d'exprimer toute la chaleur qu'absorbe le condenseur pendant l'évacuation, et en remarquant que le travail dû à l'influence du jeu du piston sur la vapeur pendant toute l'évacuation est représenté par le calorique équivalent au travail de refoulement $(T'_d - T''_d - c)$ (*) :

$$(N_1 - N_0 - \gamma)\, C'\, (t_1 - \tau') = h_3 + n'(\lambda' - AP'u') - v_1(\lambda_1 - AP_1 u_1) + N_0 C'\, (t' - t_1)$$
$$+ \gamma C'\, (t_0 - t_1) + A(T'_d - T''_d - c) + R'.$$

De l'équation précédente, nous tirerons :

$$(10) \quad R' = N_1 C'\,(t_1 - \tau') - N_0 C'\,(t' - \tau') - \gamma C'\,(t_0 - \tau') - n'(\lambda' - AP'u')$$
$$+ v_1(\lambda_1 - AP_1 u_1) - A(T'_d - T''_d - c) - h_3.$$

Dans le cas d'un condenseur *par surface*, nous désignerons par :

Π le poids de l'eau de circulation consommée par coup de piston ;

$(\tau - \tau')$ l'écart des températures de cette eau, à son entrée dans la pompe et à sa sortie du condenseur ;

h'_3 la quantité h_3 ci-dessus, augmentée du calorique développé par le frottement du piston de la pompe de circulation.

La formule précédente deviendra alors :

$$(10\ bis) \quad R' = \Pi C'\,(\tau - \tau') - N_0 C'\,(t' - t_1) - \gamma C'\,(t_0 - t_1) - n'(\lambda' - AP'u')$$
$$+ v_1(\lambda_1 - AP_1 u_1) - A(T'_d - T''_d - c) - h'_3.$$

N° XIII. Détermination des quantités Q et q, et de la perte due exclusivement a l'intervention calorifique des parois des cylindres. Il convient de bien spécifier d'abord les significations des quantités Q et q que nous avons définies sommairement au n° 8, des *Nouv. Mach. marines* et dans la légende générale donnée au n° IX.

Supposons que les parois du cylindre soient *adiabatiques*, et par conséquent sans action calorifique sur le jeu de la vapeur, et in-

---

(*) Il importe de remarquer que la chaleur correspondant audit travail de refoulement tient compte de la différence entre l'action réfrigérante dû au travail moteur du piston pendant la fraction de sa course que dure l'avance à l'évacuation et l'action réchauffante dû au refoulement pendant le commencement du retour du piston comprenant une égale fraction.

cidemment qu'il ne se produise aucun refroidissement au tuyau d'arrivée de vapeur. Admettons, de plus, qu'il n'y ait aucune fuite de fluide. En pareille hypothèse, on dépenserait par coup de piston, pour un volume d'introduction, une pression et un degré d'humidité ou de surchauffe déterminés, une certaine quantité de vapeur y compris celle qui serait nécessaire pour parfaire le remplissage de l'espace neutre, en s'ajoutant à la vapeur existant dans cet espace à la fin de la compression. Cette quantité totale représenterait, pour sa formation, un nombre déterminé Q de calories. Mais de ce que les choses ne se passent pas ainsi, il résulte forcément que la consommation de fluide, et par suite Q subit une certaine augmentation q. Cette augmentation est la chaleur que dégagent ou représentent :

1° Les condensations, un peu dans le tuyau d'arrivée de vapeur, mais surtout dans l'intérieur du cylindre durant l'introduction ; puis, l'alimentation de la chemise de vapeur, s'il y en a une : condensations et alimentation dont la raison d'être principale résulte, en définitive, des refroidissements que subit le cylindre, particulièrement à l'intérieur ;

2° Les fuites de fluide, tant internes qu'externes ;

3° Le frottement du piston et l'influence thermique du phénomène de la compression sur les parois.

Cela dit, se reportant *expressément* à la légende générale susmentionnée pour bien posséder la signification précise des différentes lettres des formules, on a évidemment :

$$q = B + \rho + \gamma' + b' + (h'_1 + \eta'_1).$$

Toutefois il est plus simple, pour avoir q, de calculer directement Q, et de le retrancher de la quantité $Q_1 = (Q + q)$, qui représente la quantité de chaleur totale dépensée, y compris le calorique que dégage le frottement du piston, mais abstraction faite des extractions à la chaudière, s'il y en a. — Le calcul direct de Q n'offre aucune difficulté ; car il suffit de déterminer la chaleur afférente à la production d'une quantité de vapeur remplissant le volume d'introduction, y compris l'espace neutre, après défalcation du fluide qui remplit celui-ci à la fin de la compression ; la vapeur en question doit être considérée dans les conditions d'humidité et de surchauffe où le fluide fourni par la chaudière se trouve *à* son entrée même dans le cylindre, et non *avant* cette entrée, si les éléments qui la concernent sont sensiblement affectés par le degré d'ouverture de la valve. La première ordonnée du diagramme d'indicateur permet d'obtenir lesdits éléments, sauf la proportion d'humidité, dont la valeur actuelle se déduira, d'après le n° 7_{11} des *Nouv. Mach. marines* de la valeur connue *avant* l'entrée dans le cylindre tant de ladite proportion que de la pression p_0 de la vapeur. Et même afin d'opérer avec une plus grande rigueur, on pourrait prendre les divers éléments du fluide pour le milieu de l'introduction, dans le cas fréquent de chute de pression entre le commencement et la fin de cette période. — Toutefois, dans des expériences faites *ad hoc*, et si la valve se trouve ouverte en grand, la quantité de vapeur qui nous occupe aura évidemment son poids égal à $\dfrac{n}{a}$.

Comme dans les machines bien faites et en bon état, les fuites de vapeur peuvent toujours se réduire à très peu de chose, c'est de la partie q' de q, qui ne comprend pas l'influence desdites fuites, dont il est surtout important de s'occuper, d'autant que cette partie tout en pouvant être atténuée, est en principe inévitable. Et même à la valeur absolue de la perte dont il s'agit, il vaut mieux substituer le *quantum pour cent* r ou r' dont l'existence de q' diminue le *rendement calorifique* (n° 5_2, *Nouv. Mach. marines*), soit *fictif*, c'est-à-dire réalisable avec des parois adiabatiques, soit *réel*. Du reste, ce *quantum pour cent* se trouve être exactement le même pour le *rendement spécifique* (n° 5_3, *Nouv. Mach. marines*), en même temps qu'il représente l'augmentation proportionnelle de la *consommation de combustible par heure et par cheval* sur le piston (n° 5_2, *Nouv. Mach. marines*). Afin de se conformer rigoureusement à la définition *rationnelle* que nous avons adoptée pour le rendement calorifique, il faudrait, dans ce qui suit, diminuer : 1° T''_d de l'aire correspondant au travail de la pompe alimentaire; 2° les quantités Q_1 et Q, telles que nous les calculons, de la chaleur correspondante à ce même travail, voire même aussi au travail occasionné par le frottement du piston de cette pompe. Semblablement, en ce qui concerne la consommation de combustible précitée, on devrait supprimer : 1° de q' la chaleur provenant du frottement du grand piston; 2° du travail effectif T''_d sur ce même piston, la portion afférente à ladite chaleur. Mais eu égard à la petitesse des suppressions dont il s'agit, et à leur tendance, les unes à diminuer, les autres à augmenter les rapports à considérer, il n'y pas lieu de s'en préoccuper, surtout en raison de la grande complication qui en résulterait dans les formules sans avantage réel.

D'autre part, la différence entre T''_d et la quantité θ_d légendée au n° IX, donnera le travail effectif par coup de piston avec des parois adiabatiques ; car le non-adiabatisme n'a d'action, *au point de vue exclusif du travail*, que pendant la détente. Il importe d'ailleurs de rappeler que le travail absolu d'expansion adiabatique qui entre dans θ_d se calcule avec la quantité de vapeur qui a servi à déterminer Q.

Les remarques précédentes étant bien comprises, nous aurons la série de relations suivantes :

$$(11) \qquad q' = Q_1 - Q,$$

en supposant les fuites de vapeur négligeables, ce qui est toujours réalisable dans des expériences faites avec soin sur une bonne machine, comme il est dit au n° XV ;

Rendement calorifique RÉEL $= \dfrac{AT''_d}{Q_1}$;

Rendement calorifique FICTIF, c'est-à-dire dans l'hypothèse de parois de cylindre adiabatiques $= \dfrac{A(T''_d - \theta_d)}{Q}$;

$$r = \frac{\dfrac{A(T''_d - \theta_d)}{Q} - \dfrac{AT''_d}{Q_1}}{\dfrac{A(T''_d - \theta_d)}{Q}}$$

Il est aisé de voir que cette dernière relation peut être mise sous la forme suivante :

$$(12) \qquad r = \frac{q'}{Q_1} - \frac{\theta_d}{T''_d - \theta_d}\left(1 - \frac{q'}{Q_1}\right).$$

On obtient ensuite facilement :

$$(13) \qquad r' = \frac{r}{1 + r}.$$

Il importe de remarquer que les diverses relations précédentes tiennent compte de l'influence des espaces neutres, à cause de la manière même dont il a été convenu de calculer Q.

N° XIV. ADAPTATION DES DIVERSES FORMULES PRÉCÉDENTES AUX MACHINES WOOLF. Parmi les formules précédentes, les relations (3) ou (4), (3 *bis*), (7), (7 *bis*), (9) et (9 *bis*) conviennent aux machines Woolf en les appliquant d'ailleurs au cylindre *admetteur*. En d'autres termes, on peut avec ces relations déterminer les quantités B, B′, H, H′, R, et R′ convenant au cylindre admetteur, supposé du reste avoir une détente *propre* pouvant devenir nulle, auquel cas H et H′ sont annihilés en même temps.

Pour le cylindre *détendeur*, convenons d'abord de surmonter d'un accent circonflexe toutes les lettres qui s'y rapportent, et de conserver dès lors à ces lettres la même signification que dans la légende générale donnée au n° IX. De plus, appelons :

H'_1. La chaleur totale que reçoit le fluide, pendant son expansion même au Woolf, par suite de l'intervention calorifique des parois des deux cylindres et du réservoir intermédiaire, de concert avec la ou les chemises de vapeur, et avec le calorique que dégage le frottement des pistons, défalcation faite des refroidissements extérieurs.

Cette quantité s'obtiendra à l'aide de la formule (7) transformée. A cet effet, on y remplacera H' par H'_1, n par n', et n' par $\hat{n}$. Le poids n' se déduira du diagramme du cylindre admetteur, en correspondant au commencement de l'évacuation à ce cylindre. De son côté, $\hat{n}$ conviendra à la fin de l'introduction au cylindre détendeur, et se tirera du diagramme de ce cylindre. Puis $A\,(T'_d - T_d)$ se rapportera au travail *absolu* de toute la masse de vapeur pendant le fonctionnement au Woolf, et se calculera d'après les diagrammes des deux cylindres. Enfin l'influence des fuites de vapeur durant ce même fonctionnement se représentera par $\hat{b}$. Il viendra ainsi :

$$(14) \qquad H'_1 = \hat{n}(\widehat{\lambda - A\,pu}) - n'(\widehat{\lambda' - Ap'u'}) - (N_0 + \hat{n}_0)C'(t' - \hat{t}) + A(T'_d - T_d) + \hat{b}.$$

De leur côté, les quantités de chaleur $\hat{B}$ et $\hat{B}'$ afférentes aux parois du cylindre détendeur s'obtiendront : la première, en remarquant que le réchauffement desdites parois par le fluide *seul* provient de la différence entre R' et H'_1; et la seconde, à l'aide de la formule (3 *bis*), où la quantité $(+ h + h_1 - h_2)$, devra être remplacée par 'expression $(+ \hat{h} + \hat{h}_1 - \hat{h}_2)$, formée d'éléments concernant exclusivement le cylindre *détendeur* pour la période d'admission. Nous arriverons ainsi aux formules :

$$(15) \qquad\qquad \hat{B} = R' - H'_1;$$
$$(15\,bis) \qquad\qquad \hat{B}' = \hat{B} + \hat{h} + \hat{h}_1 - \hat{h}_2.$$

Remarquons qu'on ne pourrait pas se servir ici des relations (8) et (8 *bis*); car ces relations supposent expressément que toute la masse de fluide N_0 est *à chaque instant* en équilibre de température. Or cette condition, qui est à peine remplie lorsque tout se passe dans un même cylindre, comme avec les machines ordinaires, ne l'est plus aucunement quand ladite masse se vide du cylindre admetteur dans le cylindre détendeur des machines Woolf, principalement si les conduits de communication ainsi que le réservoir intermédiaire entre les deux cylindres, sont mal proportionnés. Aussi, surtout dans cette dernière hypothèse, si l'on calcule, par une formule unique pour la détente *définitive*, le travail adiabatique de la masse de vapeur renfermée dans le cylindre admetteur au commencement de l'évacuation de ce cylindre, trouve-t-on généralement une quantité supérieure au travail réalisé, même lorsque ce dernier travail s'est effectué avec addition de chaleur due à une chemise. Nous aurons l'occasion d'invoquer cette remarque pour les exemples 5 et 6, donnés aux nᵒˢ XX et XXI. — Par ailleurs, il importe de prévenir que, dans les machines Woolf, H'_1 est tantôt négatif, tantôt positif, suivant que le fluide, pendant sa détente au Woolf, cède de la chaleur aux parois du cylindre détendeur, ou au contraire en reçoit de ces parois ou plutôt par leur intermédiaire; ce qui ne peut avoir lieu qu'avec une chemise de vapeur. D'autre part, aussi bien sans chemise de vapeur qu'avec cet appendice, $\widehat{B}'$ est d'ordinaire positif, ce qui signifie évidemment alors que pendant la détente au Woolf, les parois du cylindre *détendeur* se réchauffent au détriment de la chemise, s'il y en a une, ou sinon au détriment de la vapeur en train de se détendre, au lieu de céder à celle-ci du calorique, comme dans le cas d'une expansion ordinaire.

Si le cylindre détendeur, après son isolement d'avec le cylindre admetteur, a une détente *propre*, on calcule les quantités $\widehat{H}'$ et $\widehat{H}$ afférentes à cette détente par les formules (7) et (7 *bis*) appliquées au cylindre détendeur. — Dans tous les cas, pour trouver $\widehat{R}$ qui convient à ce même cylindre, c'est-à-dire pour trouver le refroidissement *propre* de ses parois pendant l'évacuation au condenseur, il nous suffira de poser pour les mêmes raisons qu'au commencement du nᵒ XII :

$$(16)\qquad \widehat{R} = \widehat{B} + \widehat{\rho} - \widehat{H}.$$

Nous aurons, d'autre part, pour le refroidissement *total* pendant l'évacuation :

$$\widehat{R}' = \widehat{R} + \widehat{b}' + \widehat{\eta}' + \widehat{\eta}'_1 - \widehat{\eta}'_2.$$

Remplaçons dans cette équation $\widehat{R}$ par $(\widehat{B} + \widehat{\rho} - \widehat{H})$. Puis, dans cette différence, substituons à $\widehat{B}'$ sa valeur d'après l'équation (15 *bis*) et à la place de $\widehat{H}$ sa valeur en fonction de $\widehat{H}'$, conformément à l'équation (7 *bis*). Enfin mettons dans la nouvelle relation obtenue, au lieu de $\widehat{B}$, sa valeur de la formule (15), où R' sera lui-même remplacé par son expression (9 *bis*). Nous obtiendrons de la sorte :

$$(16\ bis)\quad \widehat{R}' = (B - H' - H'_1 - \widehat{H}' + \rho + \widehat{\rho} + b' + \widehat{b}') + (h' + \eta') + (\widehat{h}' + \widehat{\eta}') + (h'_1 + \eta'_1)$$
$$+ (\widehat{h}'_1 + \widehat{\eta}'_1) - (h'_2 + \eta'_2) - (\widehat{h}'_2 + \widehat{\eta}'_2).$$

Dans cette formule, le premier terme complexe du second membre est un nombre de calories susceptible d'être connu, et toutes les aûtres quantités entre parenthèses correspondent à un coup de piston aux deux cylindres, ce qui est une heureuse coïncidence; car la détermination expérimentale de ces quantités, au moins en ce qui concerne les chemises et les refroidissements extérieurs, ne peut généralement s'effectuer qu'en bloc et pour les deux cylindres à la fois.

Nous dirons encore que les formules (10) et (10 *bis*) sont applicables aux Woolf, en y considérant tous les éléments qui concernent de cylindre à vapeur comme appartenant ici au cylindre détendeur.

Enfin, pour ce qui regarde la perte sur les rendements calorifiques et spécifiques, ainsi que sur la consommation de combustible, afférente à l'intervention calorifique des parois des cylindres, les formules (12) et (13) sont applicables aux machines Woolf, en donnant d'ailleurs en même temps la perte due aux chutes de pression entre l'admetteur et le détendeur et à l'influence du réservoir intermédiaire, défalcation faite du léger gain résultant du séchage ou de la surchauffe inhérent à ces chutes. Mais cette application entraine les réserves suivantes : 1° T''_d se rapportera aux deux cylindres; 2° le travail de détente adiabatique qui entre dans la détermination de θ_d, portera exclusivement sur la détente *définitive réelle*, c'est-à-dire, répétons-le, sur la détente résultant du rapport entre les volumes qui remplissent, d'une part, le cylindre admetteur à la fin de l'introduction, et, d'autre part, le cylindre détendeur au commencement de l'évacuation, en tenant compte des espaces neutres de cylindre. De son côté, le travail absolu produit *réellement* qui fait aussi partie de ladite détermination, s'obtiendra en retranchant le travail de la contre-pression dans l'admetteur durant la communication des deux cylindres, de la somme des travaux absolus, déduits des diagrammes, afférents : 1° à la détente propre à l'admetteur, y compris l'avance à l'évacuation; 2° à la détente au Woolf; 3° à la détente propre au détendeur, mais ici non compris l'avance à l'évacuation.

— De son côté, le fait susrelaté dans les machines Woolf, que la masse de fluide ne saurait être considérée comme en équilibre de température et de tension durant la détente, n'a pas à intervenir dans ce qui concerne l'expansion adiabatique précitée; car ce fait est dû au *non-adiabatisme* des parois des cylindres, ainsi qu'aux chutes de pression que subit le fluide du chef même de son passage de l'admetteur au détendeur, tandis que l'expansion dont il s'agit est tout hypothétique.

§ 3. — Applications numériques des diverses formules précédentes.

N° XV. Nécessité d'annihiler les fuites dans les expériences. — Il faut bien spécifier que ces formules renferment, pour la plupart, des quantités de l'espèce b, qui correspondent aux fuites de vapeur tant intérieures qu'extérieures. Dès lors, elles ne sauraient en principe conduire qu'à des résultats indéterminés, eu égard à l'impossibilité où l'on se trouve d'apprécier numériquement lesdites fuites. Mais quand on fait des expériences *spéciales* pour mesurer les effets de l'intervention calorifique des parois du cylindre, on a toujours soin de prendre, aux divers joints et garnitures, toutes les précautions nécessaires pour prévenir ces fuites. C'est ce que nous supposerons dans les différents exemples suivants. Au surplus, il y a des procédés (*) bien connus de tous les mécaniciens pour constater les fuites extérieures d'une part, et intérieures de l'autre. On sera donc toujours à même, dans les expériences dont il s'agit, d'être prévenu de ces circonstances perturbatrices, qu'il faudra absolument faire disparaître avant que de pousser outre.

N° XVI. Exemple 1. Cet exemple est tiré d'une expérience de MM. Hirn et Leloutre. Il s'agit d'une machine à vapeur ordinaire *sans chemise de vapeur* de $67^{\text{ch}},5$ de 75^{km} sur le piston, expérimentée à une marche de 55 tours par minute avec détente *réelle* (c'est-à-dire étant tenu compte de l'espace neutre au cylindre) de 13,7, et où d'ailleurs on a relevé par coup de piston les éléments suivants :

Valve d'admission ouverte en grand, ou du moins les choses étant ramenées à cette hypothèse ; $N_0 = 0^{\text{ks}},1122$; $a = 0,955$; $p_0 = p = 51.550^{\text{ks}}$, par m. c. ; $t_0 = t = 152°,14$; $d_0 = d = 2^{\text{ks}},7345$;

Poids de vapeur restant dans l'espace neutre à la fin de la compression $= n_0 = n'_0 = 0^{\text{ks}},0013$;

(*) Rappelons succinctement que les procédés dont il s'agit consistent en ceci :

1° Pour les fuites extérieures, on vérifie s'il y a des rentrées d'air par les presse-étoupe et les joints, en approchant la flamme d'une bougie de ces endroits au moment où le piston s'en éloigne, et où il y a par suite communication entre eux et le condenseur ;

2° Pour les fuites intérieures, on stoppe la machine ; et l'on place le tiroir de façon à fermer les orifices à l'introduction, ou mieux *totalement*, ce qui est presque toujours possible (il n'y a possibilité d'exception que quand l'un au moins des deux recouvrements à l'évacuation est *négatif*). Puis on introduit pendant un certain temps de la vapeur dans la boîte à tiroir ; et l'on examine bien si à la longue le tuyau d'évacuation et le condenseur s'échauffent ; on voit du reste en même temps si l'indicateur du vide accuse une augmentation de pression. Cette vérification bien faite, on place le piston en divers points de sa course, et à chaque fois on introduit de la vapeur sur une de ses faces ; puis on attend un certain temps pour se livrer à la même investigation que ci-dessus du côté du condenseur.

Volume de la vapeur renfermée dans le cylindre à la fin de l'introduction $= \pi \dfrac{D^2}{4} C \times i$
$+$ *espace neutre* $= 0^{\text{m.cub}},0159$;

b et $b' = o$ sensiblement, comme il a été dit au n° XV ; h, η, h' et $\eta' = 0$, puisqu'il n'y a pas de chemise de vapeur ; $\rho = 0$ sensiblement à cause de la valeur modérée de la compression.

Des données précédentes, nous conclurons :

$n = 0^{\text{m.cub}},0159 \times 2^{\text{kg}},7345 = 0^{\text{kg}},0435$;
$N_0 a = 0^{\text{kg}},1122 \times 0,955 = 0^{\text{kg}},1072$;

Quantité de vapeur qui se condense pendant l'admission $= (N_0 a + n'_0 - n) = 0^{\text{kg}},1072 + 0^{\text{kg}},0013 - 0^{\text{kg}},0435 = 0^{\text{kg}},0650$, ce qui correspond à $\dfrac{0^{\text{kg}},0650}{0^{\text{kg}},1072} = 60$ p. 100 en nombre rond de la vapeur admise au cylindre.

Les formules (5) et (3 *bis*) nous donneront, en prenant dans la table 1 de la fin du tome Ier des *Nouv. Mach. marines*, vis-à-vis de $P = P_0 = 51.550^{\text{kg}}$, $\lambda = \lambda_0 = 499^{\text{cal}},24$, et en se rappelant qu'ici b et $h = 0$:

$$B = 0^{\text{kg}},0650 \times 499^{\text{cal}},24 = 32^{\text{cal}},45 ;$$
$$B' = 32^{\text{cal}},45 + h_1 - h_2.$$

Pour trouver H' et H, nous aurons recours aux formules (8), (8 *bis*) et (7 *bis*).

Les éléments qui entrent dans la formule (8) sont :

$t = 152°,14$, comme correspondant à $P = 51.550^{\text{kg}}$;
$t' = 80°,95$, comme correspondant à $P' = 5.010^{\text{kg}}$, déduit de l'ordonnée prise sur le diagramme d'indicateur à la fin de la détente ;
$\pi \dfrac{D^2}{4} C \times i' + $ *espace neutre* $= 0^{\text{m.cub}},2184$; $d' = 0^{\text{kg}},3060$;
$n' = 0^{\text{m.cub}},2184 \times 0^{\text{kg}},3060 = 0^{\text{kg}},0668$;
$\lambda' = 549^{\text{cal}},95$, déduit de la table 1 de la fin du tome Ier des *Nouv. Mach. marines*, en regard de P' ;
$C' = 1^{\text{cal}},01$.

Avant d'aller plus loin, nous noterons que la différence $(n' - n) = 0^{\text{kg}},0668 - 0^{\text{kg}},0435 = 0^{\text{kg}},0233$, indique qu'une partie de la vapeur condensée pendant l'admission a repris l'état gazeux durant la détente. Mais à la fin de cette période, le reliquat de la condensation pendant l'admission est encore de $(N_0 a + n'_0 - n') = 0^{\text{kg}},1072 + 0^{\text{kg}},0013 - 0^{\text{kg}},0668 = 0^{\text{kg}},0417$.

Revenant à l'application de la formule (8), nous trouverons :

$$(N_0 + n_0 + \nu) \times 1^{\text{cal}},01 \times 2,3026 \log \frac{273° + 152°,14}{273° + 80°,95} = \frac{0^{\text{kg}},0668 \times 549^{\text{cal}},95}{273° + 80°,95}$$
$$- \frac{0^{\text{kg}},0435 \times 499^{\text{cal}},24}{273° + 152°,14}.$$

De cette équation, on tire :

$$N_0 + n_0 + \nu = 0^{\text{kg}},2847 ;$$

et par suite :

$$\nu = 0^{\text{kg}},2847 - 0^{\text{kg}},1122 - 0^{\text{kg}},0013 = 0^{\text{kg}},1712.$$

Reportons-nous maintenant aux formules (8 *bis*) et (7 *bis*) ; et rappelons nous que, dans l'exemple actuel, les quantités de l'espèce b et de l'espèce h et η sont égales à zéro. Nous obtiendrons :

$$\text{H}' = 0^{kg},1712 \times 1^{cal},01 \times (152°,14 - 80°,95) = 12^{cal},31 ;$$
$$\text{H} = 12^{cal},31 - (h'_1 - h_1) + (h'_2 - h_2).$$

Comme curiosité, calculons H' d'une autre manière, c'est-à-dire par la formule (7), en nous servant de $\text{A}(\text{T}'_d - \text{T}_d) = \dfrac{2422^{km},5}{425} = 5^{cal},70$ déduit du diagramme d'indicateur, et de $(\lambda - \text{A}\text{P}u) = 455^{cal},05$ et $(\lambda' - \text{A}\text{P}'u') = 511^{cal},45$, extraits de la table I de la fin du tome Ier des *Nouv. Mach. marines*. Nous trouverons :

$$\text{H}' = 0^{kg},0668 \times 511^{cal},45 - 0^{kg},0435 \times 455^{cal},05 - (0^{kg},1122 + 0^{kg},0013)$$
$$\times 1^{cal},01 (152°,14 - 80°,95) + 5^{cal},70 = 11^{cal},91.$$

Le chiffre $11^{cal},91$ comparé au nombre $12^{cal},31$, obtenu il y a un instant, montre qu'il serait difficile d'avoir un accord plus parfait entre deux méthodes de calcul aussi différentes.

Il nous reste à déterminer R et R'. A cet effet, ayons recours aux formules (9) et (9 *bis*), il viendra :

$$\text{R} = (32^{cal},45 + h_1 - h_2) - [12^{cal},31 - (h'_1 - h_1) + (h'_2 - h_2)] = 20^{cal},14 + h'_1 - h'_2 ;$$
$$\text{R}' = 20^{cal},14 + (h'_1 + \eta'_1) - (h'_2 + \eta'_2).$$

Or on a trouvé par des expériences directes :

$$(h'_1 + \eta'_1) = 0^{cal},40, \quad \text{et} \quad (h'_2 + \eta'_2) = 1^{cal},25.$$

On aura donc :

$$\text{R}' = 20^{cal},14 + 0^{cal},40 - 1^{cal},25 = 19^{cal},29.$$

Pour résumer l'ensemble de l'expérience, calculons Q_1 d'après sa valeur donnée au n° IX, dans la légende générale de nos lettres. Nous trouverons ainsi, en supposant l'eau d'alimentation à $t_1 = 40°$:

$$Q_1 = 66^{cal},64.$$

Cette dernière quantité, comparée à B, H' et R', conduit aux conclusions suivantes :

1° $\dfrac{\text{B}}{Q_1} = \dfrac{32,45}{66,64}$, soit 49 p. 100 de la chaleur totale dépensée sont cédés exclusivement par la vapeur aux parois pendant l'admission ;

2° $\dfrac{\text{H}'}{Q_1} = \dfrac{12,31}{66,64}$, soit 18 p. 100 de ladite chaleur sont restitués à la vapeur pendant la détente, tant par le calorique des parois que par celui dû au frottement du piston diminué des refroidissements extérieurs durant la période considérée ;

3° $\dfrac{\text{R}'}{Q_1} = \dfrac{19,29}{66,64}$, soit 29 p. 100 de la chaleur en question sont sacrifiés en pure perte, et cédés au condenseur tout à fait *inutilement*, c'est-à-dire sans que le cycle l'exige en aucune façon ;

$$4^\circ.\ \frac{(h'_1 + n'_1) - (h'_2 + n'_2)}{Q_1} = -\frac{0,85}{66,64},$$ soit $-1,3$ p. 100 de ladite chaleur représentent le refroidissement extérieur du cylindre, défalcation faite du réchauffement produit par le frottement du piston moteur.

Il nous reste à calculer l'augmentation de dépense de calorique et, par suite, la perte due *exclusivement* à l'intervention calorifique inévitable des parois du cylindre. En d'autres termes, il faut appliquer ici les formules (11), (12) et (13). Nous aurons successivement :

$$Q_1 = 66^{cal},64 ; \quad Q = 26^{cal},02 ; \quad q' = 40^{cal},62 ;$$

Travail absolu pendant la détente $= (T_d - T_a) = 2422^{km},5 ;$

Travail adiabatique du poids n : $a = 0^{k},0455$ *de vapeur saturée à* 0,955 *remplissant fictivement le cylindre à la fin de l'introduction, pour une détente réelle de* 13,7 *avec une température initiale de* 152° $=$ [d'après la formule (34) du n° 7_6 des *Nouv. Mach. marines*] $1803^{km},1 ;$

$$\theta_d = 2422^{km},5 - 1803^{km},1 = 619^{km},4 ; \quad (T'_d - \theta_d) = 2764^{km},0 - 619^{km},4 = 2144^{km},6 ;$$

$$r = \frac{40,62}{66,64} - \frac{619,4}{2144,6} \times \frac{26,02}{66,64} = 0,611 - 0,113 = 0,498 = 50\ \text{p. }100 ;$$

$$r' = \frac{0,498}{1,498} = 33\ \text{p. }100.$$

Déterminons enfin N d'après sa valeur en fonction de Q_1 donnée dans la légende du n° IX. Nous aurons :

$$N = 0^{ks},1081.$$

D'où il résulte que la consommation évaluée en vapeur saturée *sèche* s'élèverait à $10^{ks},56$ par heure et par cheval de 75^{km} sur le piston, ce qui correspond (n° 5_1, *Nouv. Mach. marines*) à une dépense de $1^{ks},80$ de houille de bonne qualité.

N° XVII. Exemple 2. Cet exemple se rapporte encore à une machine expérimentée par MM. Hirn et Leloutre, identique comme dimensions à celle du n° XVI, mais où la détente *réelle* n'est plus que de 9,1, et où de plus il existe une chemise de vapeur. Les données propres à cette machine, pour une marche à 55 tours par minute, correspondant à 98^{ch} de 75^{km} sur le piston, sont les suivantes, qui renferment, comme élément particulier à la machine, la consommation de vapeur par la chemise de vapeur à chaque coup de piston :

$$N_0 = 0^{ks},1205 ; \gamma = 0^{ks},0048 ; a = 0,950, \ N_0 a = 0^{ks},1145 ; \gamma a = 0^{ks},0046 ; P_0 = P = 52.240^{ks} ;$$

$$t_0 = t = 152°,64 ; d_0 = d = 2^{ks},7691 ; \lambda = 498^{cal},90 ; A_{Pu} = 44^{cal},22 ; i = \frac{0,0240}{0,2133} = 0,112 ;$$

Poids de vapeur restant dans l'espace neutre à la fin de la compression $= n_0 = n'_0 = 0^{ks},0020 ;$

$$P' = 8.020^{ks} ; t' = 93°,07 ; d' = 0^{ks},4766 ; \lambda' = 541^{cal},40 ; A_{P'u'} = 39^{cal},60 ;$$

$$A(T'_d - T_d) = \frac{3408^{km},5}{425} = 8^{cal},02 ;$$

$(h' + \eta') = 0^{kg},0046 \times 498^{cal},90 = 2^{cal},25$, en supposant que la vapeur de la chemise se condense à la température t_0 ; $(h'_1 + \eta'_1) = 0^{cal},40$; $(h'_2 + \eta'_2) = 0^{cal},95$.

La machine avait été mise, comme il a été dit au commencement du n° XV, dans les meilleures conditions pour éviter les fuites, de sorte que les quantités de l'espèce b y étaient négligeables. De son côté, $p = 0$ sensiblement, à cause de la valeur limitée de la compression.

De ces diverses données, on déduit, en suivant une marche analogue à celle du n° XVI :

$n = 0^{kg},0665$; condensation à l'intérieur du cylindre pendant l'admission $= (N_0 a + n'_0 - n)$ $= 0^{kg},1145 + 0,0020 - 0^{kg},0665 = 0^{kg},0500$; et, en tenant compte de la condensation à l'intérieur de la chemise de vapeur par coup de piston, $(N_0 a + \gamma a + n'_0 - n)$ $= 0^{kg},0500 + 0^{kg},0046 = 0^{kg},0546$; ce qui correspond à $\frac{0,0500}{0,1145} = 44$ p. 100 de la vapeur entrée au cylindre, et à $\frac{0,0546}{0,1191} = 46$ p. 100 de toute la vapeur dépensée à la chaudière.

Nous obtiendrons par les formules (5) et (3 *bis*) :

$$B = 0^{kg},0500 \times 498^{cal},90 = 24^{cal},95 ;$$
$$B' = 24^{cal},95 + h + h_1 - h_2.$$

Nous trouverons ensuite :

$n' = 0^{kg},1041$; conséquemment il s'est régénéré pendant la détente un poids de vapeur $= (n' - n) = 0^{kg},1041 - 0^{kg},0665 = 0^{kg},0376$; mais il reste encore, à l'état liquide dans le cylindre, comme reliquat de la condensation pendant l'admission $0^{kg},0500 - 0^{kg},0376 = 0^{kg},0124$.

Puis les formules (7), (7 *bis*), (9) et (9 *bis*) donneront :

$H' = 22^{cal},65$;
$H = 22^{cal},65 - (h' - h) - (h'_1 - h_1) + (h'_2 - h_2)$;
$R = (24^{cal},95 + h + h_1 - h_2) - [22^{cal},65 - (h' - h) - (h'_1 - h_1) + (h'_2 - h_2)]$
$\quad = 2^{cal},30 + h' + h'_1 - h'_2$;
$R' = 2^{cal},30 + (h' + \eta') + (h'_1 + \eta'_1) - (h'_2 + \eta'_2) = 2^{cal},30 + 2^{cal},25 + 0^{cal},40 - 0^{cal},95 = 4^{cal},00.$

On trouverait enfin pour Q_1, d'après son expression donnée dans la légende générale du n° IX, y compris la consommation afférente à la chemise de vapeur, et en supposant $t_1 = 40°$:

$$Q_1 = 74^{cal},10.$$

Cette quantité comparée aux valeurs ci-dessus de B, H' et R', puis à la quantité $\gamma' = 2^{cal},82$, calculée d'après son expression donnée dans ladite légende générale, et enfin à $(h' + \eta') + (h'_1 + \eta'_1) - (h'_2 + \eta'_2)$, mène aux conclusions suivantes, pour la machine *à chemise de vapeur* de notre exemple :

1° $\frac{B}{Q_1} = \frac{24,95}{74,10}$, soit 34 p. 100 de toute la chaleur dépensée sont cédés aux parois *exclusivement* par la vapeur arrivant au cylindre pendant l'admission ;

2° $\dfrac{H'}{Q_1} = \dfrac{22,65}{74,10}$, soit 31 p. 100 de ladite chaleur, sont cédés à la vapeur pendant la détente, tant par le calorique des parois que par celui dû à la chemise et au frottement du piston, diminution faite des refroidissements extérieurs durant la période considérée;

3° $\dfrac{R'}{Q_1} = \dfrac{4,00}{74,10}$, soit 5,4 p. 100 de toute la chaleur dépensée sont absorbés en pure perte par le condenseur pendant l'évacuation : ce chiffre est beaucoup moindre que la déperdition de même espèce correspondant à la machine sans chemise de l'exemple précédent, et qui s'élevait à 29 p. 100;

4° $\dfrac{\gamma'}{Q_1} = \dfrac{2,82}{74,10}$, soit 3,8 p. 100 de toute la chaleur dépensée, sont consommés par la chemise de vapeur;

5° $\dfrac{(h'+\eta') + (h'_1 + \eta'_1) - (h'_2 + \eta'_2)}{Q_1} = \dfrac{1,70}{74,10}$, soit 2,3 p. 100 de la chaleur en question pénètrent à travers les parois du cylindre, par le fait du jeu de la chemise de vapeur et du calorique que dégage le frottement du piston après défalcation des refroidissements extérieurs.

Il nous faut, en outre, calculer l'augmentation de dépense de calorique et, par suite, la perte due exclusivement à l'intervention calorifique inévitable des parois du cylindre. En suivant la même marche que dans l'exemple 1 (n° XVI), nous aurons successivement :

$$Q_1 = 74^{cal},10; \quad Q = 39^{cal},93; \quad q' = 34^{cal},17;$$

Travail absolu pendant la détente $= (T'_d - T_d) = 3408^{km},5$;

Travail adiabatique d'un poids n : a $= 0^{kg},0700$ *de vapeur saturée à* 0,950 *qui remplirait fictivement le cylindre à la fin de l'introduction, la détente réelle étant de* 9,1, *et la température initiale de* 153° $=$ [d'après la formule (34) du n° 7_6 des *Nouv. Mach. marines*] $2348^{km},2$;

$$\theta_d = 3408^{km},5 - 2348^{km},2 = 1060^{km},3; \quad (T'_d - \theta_d) = 4006^{km},5 - 1060^{km},3 = 2946^{km},2;$$

$$r = \frac{34,17}{74,10} - \frac{1060,3}{2946,2} \times \frac{39,93}{74,10} = 0,461 - 0,194 = 0,267 = 27 \text{ p. } 100;$$

$$r^l = \frac{0,267}{1,267} = 21 \text{ p. } 100.$$

Il nous reste à dire que la dépense de vapeur sèche était réduite ici à $8^{kg},06$ par heure et par cheval de 75^{km} sur le piston, ce qui, comparativement à la machine précédente, représente une économie de 24 p. 100, et correspond à une consommation de $0^{kg},99$ de bonne houille. L'économie, était d'ailleurs accompagnée d'une augmentation de la dépense totale de chaleur *par unité de temps*, et conséquemment par coup de piston (puisque les deux machines tournaient avec la même vitesse); elle était donc due exclusivement à une augmentation marquée du travail produit pendant cette unité.

N° XVIII. Exemple 3. Cet exemple se rapporte à une machine à vapeur ordinaire sans chemise de vapeur expérimentée par MM. Hirn et

Hallauer. Les données suivantes, concernant cette machine, se rapportent à une marche à 29 tours par minute, avec détente *réelle* de 3,9, et correspondent à une force de $129^{ch},5$ de 75^{km} sur le piston :

$$N_0 = 0^{kg},3732; \quad a = 0,990; \quad N_0 a = 0^{kg},3695; \quad P_0 = P = 37.773^{kg};$$

$$t_0 = t = 140°,78; \quad d_0 = d = 2^{kg},050; \quad \lambda_0 = \lambda = 507^{cal},43; \quad A\,Pu = 43^{cal},38;$$

$$i = \frac{0,0490}{0,1259} = 0,389;$$

$$P' = 9731^{kg}; \quad t' = 98°,24; \quad d' = 0^{kg},572; \quad \lambda' = 537^{cal},80; \quad A\,P'u' = 40^{cal},05;$$

$$A(T'_d - T_d) = \frac{6732^{km}}{425} = 15^{cal},84;$$

$$(h'_1 + \eta'_1) = 0^{cal},60; \quad (h'_2 + \eta'_2) = 1^{cal},06.$$

La machine avait été mise, comme il a été dit au commencement du n° XV, dans les meilleures conditions pour éviter les fuites, de sorte que les quantités de l'espèce b y étaient négligeables. — Nous négligerons aussi la quantité de vapeur n_0 remplissant l'espace neutre à la fin de la compression ainsi que la quantité de calorique ρ.

De ces diverses données, on déduit, en suivant une marche analogue à celle de l'exemple 1, n° XVI :

$n = 0^{kg},2571;$ condensation pendant l'admission $= (N_0 a - n) = 0^{kg},3695 - 0^{kg},2571 = 0^{kg},1124;$ ce qui correspond à $\dfrac{0,1124}{0,3695} = 30$ p. 100 de la vapeur entrée au cylindre et en même temps de toute la vapeur dépensée à la chaudière.

Nous obtiendrons par les formules (5) et (3 *bis*) :

$$B = 0^{kg},1124 \times 507^{cal},43 = 57^{cal},03;$$
$$B' = 57^{cal},03 + h_1 - h_2.$$

Nous trouverons ensuite :

$n' = 0^{kg},2792,$ ce qui montre qu'il s'est régénéré pendant la détente un poids de vapeur $= (n' - n) = 0^{kg},2792 - 0^{kg},2571 = 0^{kg},0221.$

Puis les formules (7), (7 *bis*), (9) et (9 *bis*) donneront :

$$H' = 19^{cal},47;$$
$$H = 19^{cal},47 - (h'_1 - h_1) + (h'_2 - h_2);$$
$$R = 37^{cal},56 + h'_1 - h'_2;$$
$$R' = 37^{cal},56 + (h'_1 + \eta'_1) - (h'_2 + \eta'_2) = 37^{cal},56 + 0^{cal},60 - 1^{cal},06 = 37^{cal},10.$$

On trouverait enfin, d'après la valeur analytique de Q_1 donnée dans la légende générale du n° IX, pour la dépense totale de chaleur, en supposant l'eau d'alimentation à $t_1 = 40°$:

$$Q_1 = 226^{cal},05.$$

Cette quantité comparée aux valeurs ci-dessus de B, H', R' et $(h'_1 + \eta'_1) - (h'_2 + \eta'_2)$, mène aux conclusions suivantes :

1° $\dfrac{B}{Q_1} = \dfrac{57,03}{226,05}$, soit 25 p. 100 de toute la chaleur dépensée, sont cédés aux parois *exclusivement* par la vapeur arrivant au cylindre pendant l'admission;

2° $\dfrac{H'}{Q_1} = \dfrac{19,47}{226,05}$, soit 8,6 p. 100 de ladite chaleur, sont employés à réchauffer la vapeur pendant la détente, tant par le calorique des parois que par celui dû au frottement du piston, diminué des refroidissements extérieurs pendant la période considérée;

3° $\dfrac{R'}{Q_1} = \dfrac{37,10}{226,05}$, soit 16,4 p. 100 de la chaleur en question, sont absorbés en pure perte par le condenseur pendant l'évacuation;

4° $\dfrac{(h'_1 + \eta'_1) - (h'_2 + \eta'_2)}{Q_1} = \dfrac{-0,46}{226,05}$, soit —0,2 p. 100 de la même chaleur, représentent le refroidissement extérieur diminué du réchauffement qu'engendre le frottement du piston.

Il nous reste à calculer l'augmentation de dépense de calorique et, par suite, la perte due exclusivement à l'intervention calorifique inévitable des parois du cylindre. En suivant la même marche que dans l'exemple 1 (n° XVI), nous aurons successivement :

$$Q_1 = 226^{cal},05 ; \quad Q = 156^{cal},89 ; \quad q' = 69^{cal},16 ;$$

Travail absolu pendant la détente $= (T'_d - T_d) = 6732^{km},0 ;$

Travail adiabatique d'un poids n : a $= 0^{kg},2597$ *de vapeur saturée à* 0,990 *qui remplirait fictivement le cylindre à la fin de l'introduction, la détente réelle étant de* 3,9, *et la température initiale de* 141° $=$ [d'après la formule (34) du n° 7_6 des *Nouv. Mach. marines*] 5705^{km},2 ;

$\theta_d = 6732^{km},0 - 5705^{km},2 = 1026^{km},8 ; \quad (T''_d - \theta_d) = 10.050^{km},0 - 1026^{km},8 = 9023^{km},2 ;$

$$r = \frac{69,16}{226,05} - \frac{1026,8}{9023,2} \times \frac{156,89}{226,05} = 0,306 - 0,079 = 0,227 = 23 \text{ p. } 100 ;$$

$$r' = \frac{0,227}{1,227} = 18 \text{ p. } 100.$$

Enfin, la consommation de vapeur sèche s'élevait à $9^{kg},94$ par heure et par cheval de 75^{km} sur le piston. Ce qui correspond (n° 5, *Nouv. Mach. marines*) à une dépense de $1^{kg},23$ de houille de bonne qualité.

N° XIX. EXEMPLE 4. Cet exemple se rapporte à la même machine que dans l'exemple précédent, mais développant cette fois 144^{ch} de 75^{km} sur le piston ; car le fluide était surchauffé de 86° à sa sortie de la chaudière. Les données recueillies dans la présente expérience sont les suivantes, pour une marche à 29 tours par minute et avec une détente *réelle* de 3,9 :

$$N_0 = 0^{kg},3065 ; \quad P_0 = P = 42.449^{kg} ; \quad t'_0 = 231° ; \quad t_0 = t = 144°,96 ; \quad i = \frac{0,1259}{0,4900} = 0,257 ;$$

$$\mathrm{P}' = 9\,355^{\mathrm{kg}}; \quad t' = 97°,24;$$

b et $b' = 0$ sensiblement, comme il a été dit au commencement du n° XV; $(h'_1 + \eta'_1) = 0^{\mathrm{cal}},60$; $(h'_2 + \eta'_2) = 2^{\mathrm{cal}},50$; $\rho = 0$ sensiblement.

Nous négligerons d'ailleurs la quantité de vapeur n_0 remplissant l'espace neutre à la fin de la compression.

En suivant la même marche que dans les exemples précédents, on trouve d'abord qu'il s'est condensé pendant l'admission $0^{\mathrm{kg}},0199$,

soit $\dfrac{0,0199}{0,3065} = 6,5$ p. 100 de toute la vapeur dépensée à la chaudière.

Puis, en tenant compte de la chute de température subie par la vapeur surchauffée avant sa condensation dans le cylindre, on obtient par les formules (6), (3 *bis*), (7), (7 *bis*), (9) et (9 *bis*) :

$$\mathrm{B} = 22^{\mathrm{cal}},47; \quad \mathrm{B}' = 22^{\mathrm{cal}},47 + h_1 - h_2;$$
$$\mathrm{H}' = 3^{\mathrm{cal}},63;$$
$$\mathrm{H} = 3^{\mathrm{cal}},63 - (h'_1 - h_1) + (h'_2 - h_2);$$
$$\mathrm{R} = 18^{\mathrm{cal}},84 + h'_1 - h'_2;$$
$$\mathrm{R}' = 18^{\mathrm{cal}},84 + (h'_1 + \eta'_1) - (h'_2 + \eta'_2) = 18^{\mathrm{cal}},84 + 0^{\mathrm{cal}},60 - 2^{\mathrm{cal}},50 = 16^{\mathrm{cal}},94.$$

On a d'ailleurs :

$$Q_1 = 200^{\mathrm{cal}},44,$$

d'où résulte :

$$1° \quad \frac{\mathrm{B}}{Q_1} = \frac{22,47}{200,44} = 11 \text{ p. } 100;$$

$$2° \quad \frac{\mathrm{H}'}{Q_1} = \frac{3,63}{200,44} = 1,8 \text{ p. } 100;$$

$$3° \quad \frac{\mathrm{R}'}{Q_1} = \frac{16,94}{200,44} = 8,5 \text{ p. } 100;$$

$$4° \quad \frac{(h'_1 + \eta'_1) - (h'_2 + \eta'_2)}{Q_1} = \frac{-1^{\mathrm{cal}},90}{200,44} = -0,9 \text{ p. } 100.$$

L'expérience que nous venons de relater a une extrême importance; car, comparée à celle de l'exemple 3 (n° XVIII), elle fait ressortir que la surchauffe, tout en diminuant notablement $\dfrac{\mathrm{R}'}{Q_1}$, comme la chemise de vapeur, évite l'inconvénient inhérent à celle-ci, de beaucoup trop réchauffer la vapeur pendant la détente, ainsi que l'indique la comparaison des valeurs de $\dfrac{\mathrm{H}'}{Q_1}$ dans l'un et l'autre cas. Ce résultat a son effet tout marqué sur le rendement calorifique (5° et 6°, n° **XXXI**).

Il nous reste à calculer l'augmentation de dépense de calorique, et, par suite, la perte due exclusivement à l'intervention calorifique inévitable des parois du cylindre. En suivant la même marche que dans l'exemple **1** (n° XVI), nous aurons successivement :

$$Q_1 = 200^{cal},44 ; \quad Q = 152^{cal},63 ; \quad q' = 47^{cal},81.$$

Travail absolu pendant la détente $= (T'_d - T_d) = 7020^{km},0 ;$

Travail adiabatique d'un poids n ; a $= 0^{kg},2341$ *de vapeur surchauffée de 86° qui remplirait fictivement le cylindre à la fin de l'introduction, la détente réelle étant de 3,9, et la température initiale de 145°* $=$ (d'après V, n° 7_7 des *Nouv. Mach. marines*) $5672^{km},5 ;$

$$\theta_d = 7020^{km},0 - 5672^{km},5 = 1347^{km},5 ; \quad (T''_d - \theta_d) = 11141^{km},0 - 1347^{km},5 = 9793^{km},5 ;$$

$$r = \frac{47,81}{200,44} - \frac{1347,5}{9793,5} \times \frac{152,63}{200,44} = 0,239 - 0,105 = 0,134 = 13 \text{ p. } 100 ;$$

$$r' = \frac{0,134}{1,134} = 12 \text{ p. } 100.$$

Enfin la consommation de vapeur sèche s'élevait à $7^{kg},92$ par heure et par cheval de 75^{km} sur le piston ; ce qui correspond (n° 5_1, *Nouv. Mach. marines*) à une dépense de $0^{kg},98$ de houille de bonne qualité.

N° XX. EXEMPLE 5. Nous allons considérer ici une machine Woolf sans chemise de vapeur, expérimentée par M. Hirn lors d'une marche à 23 tours par minute, correspondant à 106^{ch} de 75^{km} sur les pistons. Nous y supposerons nulles ou négligeables aux deux cylindres les quantités de l'espèce b, h_2 et ρ, ainsi que les poids de vapeur, n_0 et $\widehat{n}_0$, restant dans les espaces neutres à la fin de la compression particulière à chaque cylindre. Cette machine a fourni les données suivantes pour le cylindre admetteur :

$$\frac{\pi D^2}{4} C \times i + espace\ neutre = 0^{m.cub},1791, \text{ avec } i = 0,950, \text{ correspondant d'ailleurs à}$$
l'avance à l'évacuation ;

$$P_0 = P = 38.750^{kg} ; \quad N_0 = 0^{kg},4355 ; \quad a = 0^{kg},922 ; \quad N_0 a = 0^{kg},4013 ; \quad t_0 = t = 141°,68 ;$$
$$d_0 = d = 2^{kg},0940 ; \quad \lambda_0 = \lambda = 506^{cal},78 ;$$
$$P' = P ; \quad t' = t ; \quad \lambda' = \lambda ;$$
$$(h'_1 + n'_1) = 0^{cal},39.$$

Des données précédentes, il résulte :

$$n = 0^{m.cub},1791 \times 2^{kg},0940 = 0^{kg},3750 ;$$

Condensation de la vapeur pendant l'admission $= 0^{kg},4013 - 0^{kg},3750 = 0^{kg},0263 ;$

soit $\dfrac{0,0263}{0,4013} = 6,6$ p. 100 seulement de toute la vapeur entrée au cylindre.

Puis les formules (5), (3 *bis*), (7), (7 *bis*), (9) et (9 *bis*) donnent successivement :

$$B = 0^{kg},0263 \times 506^{cal},78 = 13^{cal},33 ;$$
$$B' = 13^{cal},33 + h_1 ;$$

H' et H $= 0$, puisqu'il n'y a pas de détente propre au cylindre considéré;
$$\mathrm{R} = \mathrm{B}' = 13^{\mathrm{cal}},33 + h_1; \quad \mathrm{R}' = 13^{\mathrm{cal}},33 + (h'_1 + \eta'_1) = 13^{\mathrm{cal}},72.$$

Occupons-nous maintenant du cylindre *détendeur*. Nous avons comme données convenant aux calculs relatifs à ce cylindre :

$$\frac{\pi \widehat{\mathrm{D}^2}}{4} \widehat{\mathrm{C}} \times \widehat{i} + \textit{espace neutre} = 0^{\mathrm{m.cub}},7885, \text{ avec } \widehat{i} = 0,950, \text{ correspondant d'ailleurs à}$$

l'avance à l'évacuation;

Détente définitive réelle (se confondant ici avec la détente au Woolf, car il n'y a d'expansion propre à aucun des deux cylindres) $= \dfrac{0,7885}{0,1791} = 4,4$;

$$n' = n = 0^{\mathrm{kg}},3750; \quad \lambda' = \lambda = 506^{\mathrm{cal}},78; \quad t' = t = 141^\circ,68; \quad \lambda' - \mathrm{A}p'u' = \lambda - \mathrm{A}pu = 463^{\mathrm{cal}},28;$$

$$\widehat{\mathrm{P}} = \widehat{\mathrm{P}} = 7078^{\mathrm{kg}}; \quad \widehat{t} = \widehat{t'} = 89^\circ,76; \quad \widehat{d} = \widehat{d'} = 0^{\mathrm{kg}},4235; \quad \widehat{\lambda - \mathrm{A}pu} = \widehat{\lambda' - \mathrm{A}p'u'} = 504^{\mathrm{cal}},43;$$

$$\mathrm{A}(\mathrm{T}'_d - \mathrm{T}_d) = \frac{4696^{\mathrm{km}},0}{425} = 11^{\mathrm{cal}},05; \quad (h_1 + \eta_1) = (\widehat{h_1} + \widehat{\eta_1}) = 0^{\mathrm{cal}},86.$$

Des résultats précédents, on déduit, en se reportant au n° XIII :

$$\widehat{n} = \widehat{n'} = 0^{\mathrm{m.cub}},7885 \times 0^{\mathrm{kg}},4235 = 0^{\mathrm{kg}},3339;$$

Condensation pendant l'admission dans le cylindre détendeur, c'est-à-dire pendant la détente au Woolf $= 0^{\mathrm{kg}},3750 - 0^{\mathrm{kg}},3339 = 0^{\mathrm{kg}},0411$;

soit $\quad \dfrac{0,0411}{0,3750} = 11$ p. 100 *de la vapeur admise dans le cylindre détendeur*;

$$\mathrm{H}'_1 \text{ (formule 14)} = - 17^{\mathrm{cal}},09;$$

$\widehat{\mathrm{B}}$ (formule 15) $= \mathrm{R}' + 17^{\mathrm{cal}},09$; d'où, d'après la valeur ci-dessus de $\mathrm{R}' = 13^{\mathrm{cal}},72$

$\widehat{\mathrm{B}} = 13^{\mathrm{cal}},72 + 17^{\mathrm{cal}},09 = 30^{\mathrm{cal}},81$; $\widehat{\mathrm{B}}$ étant positif, les parois, au lieu de céder, comme dans les admetteurs, de la chaleur à la vapeur se détendant, sont ici rechauffées par cette vapeur;

$\widehat{\mathrm{B}'}$ (formule 15 *bis*) $= 30^{\mathrm{cal}},81 + \widehat{h_1} - \widehat{h_2}$;

la détente propre au cylindre détendeur étant nulle, $\widehat{\mathrm{H}'} = \widehat{\mathrm{H}} = 0$ [formules (7) et (7 *bis*)] ;

$\widehat{\mathrm{R}}$ (formule 16) $= \widehat{\mathrm{B}'} = 30^{\mathrm{cal}},81 + \widehat{h_1} - \widehat{h_2}$;

$\widehat{\mathrm{R}'}$ (formule 16 *bis*) $= 13^{\mathrm{cal}},33 + 17^{\mathrm{cal}},09 + (h'_1 + \eta'_1) + (\widehat{h'_1} + \widehat{\eta'_1}) = 31^{\mathrm{cal}} 67.$

Nous aurons d'ailleurs :

Q_1 (d'après son expression donnée dans la légende générale du n° IX) $= 253^{\mathrm{cal}},49$;

D'où il résulte que :

1° $\dfrac{\mathrm{B}}{\mathrm{Q}_1} = \dfrac{13,33}{253,49} = 5,3$ p. 100 du calorique total dépensé, sont cédés aux parois du cylindre admetteur;

2° $\dfrac{\mathrm{H}' + \mathrm{H}'_1 + \widehat{\mathrm{H}'}}{\mathrm{Q}_1} = \dfrac{- 17,09}{253,49} = - 6,7$ p. 100 de tout le calorique en question, représentent, eu égard au signe —, l'excès de la chaleur cédée par le fluide aux parois du cylindre détendeur sur la chaleur cédée au fluide par les parois de l'admetteur, pendant les diverses détentes, qui se réduisent ici à l'expansion au Woolf

$3°\quad \dfrac{\widehat{R'}}{Q_1} = \dfrac{31,67}{253,49} = 12$ p. 100 du même calorique, représentent la chaleur perdue durant l'évacuation tout à fait inutilement, c'est-à-dire sans compensation d'aucune sorte;

$4°\quad \dfrac{(h'_1 + \eta'_1 + \widehat{h'}_1 + \widehat{\eta'}_1)}{Q_1} = \dfrac{1,25}{253,49} = 0,5$ p. 100 dudit calorique, représentent la chaleur fournie par le frottement des pistons, défalcation faite des refroidissements extérieurs, qui d'ailleurs sont présentement négligeables.

Il nous reste à calculer l'augmentation de dépense de calorique, et, par suite, la perte due à l'intervention calorifique inévitable des parois des cylindres et aux chutes de pression entre ces récipients. En suivant la même marche que dans l'exemple 1 (n° XVI), nous aurons successivement :

$$Q_1 = 253^{\text{cal}},49 ; \quad Q = 235^{\text{cal}},65 ; \quad q' = 17^{\text{cal}},84 ;$$

Travail absolu produit réellement pendant les diverses détentes, lesquelles se réduisent dans le présent exemple à la détente au Woolf $= (T'_d - T_d) = 4696^{\text{km}},0$;

Travail adiabatique d'un poids n : a $= 0^{\text{kg}},4067$ *de vapeur saturée à 0,922 qui remplirait fictivement le cylindre admetteur à la fin de l'introduction, la détente définitive réelle étant de 4,4, et la température initiale de* $142° =$ [d'après la formule (34) du n° 7_6 des *Nouv. Mach. marines*] $9351^{\text{km}},0$; $\theta_d = 4696^{\text{km}},0 - 9351^{\text{km}},0 = -4655^{\text{km}},0\ (*)$; $(T'_d - \theta_d) = 10369^{\text{km}},0 + 4655^{\text{km}},0 = 15024^{\text{km}},0$;

$$r = \frac{17,84}{253,49} + \frac{4655,0}{15024,0} \times \frac{235,65}{253,49} = 0,070 + 0,288 = 0,358 = 36 \text{ p. 100} ;$$

$$r' = \frac{0,358}{1,358} = 26 \text{ p. 100.}$$

Enfin la consommation de vapeur sèche s'élevait à $10^{\text{kg}},77$ par heure et par cheval de 75^{km} sur les pistons, ce qui correspond (n° 5_1, *Nouv. Mach. marines*) à une dépense de $1^{\text{kg}},33$ de houille de bonne qualité.

N° XXI. Exemple 6. Nous allons considérer la même machine que ci-dessus, mais avec chemise de vapeur enveloppant les deux cylindres, ce qui procurait une force de 130^{ch} de 75^{km} sur les pistons pour une marche à 23 tours par minute. Nous supposerons encore ici nulles ou négligeables aux deux cylindres les quantités de l'espèce b et ρ, ainsi que les poids de vapeur, n_0 et $\widehat{n}_0$, remplissant les espaces neu-

---

(*) La différence *négative* qui existe entre les deux travaux de détente provient de la remarque faite au n° XIV, à propos du travail adiabatique calculé pour la détente définitive (qui du reste se confond ici avec la détente au Woolf) par une formule *unique*.

tres à la fin de la compression particulière à chaque cylindre; mais il y aura à tenir un compte exact des quantités de l'espèce h, h_4 et h_2. — Nous avons, cette fois, comme données générales :

$$N_0 = 0^{kg},4125; \quad \gamma = 0^{kg},0452 = 0^{kg},0386 + (0^{kg},0066 \text{ pour le poids de vapeur que con-}$$

somme le refroidissement extérieur de la chemise, soit le refroidissement externe des deux cylindres par coup de piston) ;

$$a = 0,922; \quad N_0 a = 0^{kg},3803.$$

Puis comme données propres au cylindre *admetteur*, on a :

$$\frac{\pi D^2}{4} C \times i + espace\ neutre = 0^{m.cub},1791, \text{ avec } i = 0,950, \text{ correspondant d'ailleurs à}$$

l'avance à l'évacuation;

$$P_0 = P = 38.750^{kg}; \quad t_0 = t = 141°,68; \quad d_0 = d = 2^{kg},0940; \quad \lambda_0 = \lambda = 506^{cal},78;$$
$$P' = P; \quad t' = t; \quad \lambda' = \lambda;$$

$(h'_1 + \eta'_1) = 0^{cal},39$; mais les quantités $(h' + \eta')$ et $(h'_2 + \eta'_2)$ ne sont connues qu'en bloc avec les sommes de même espèce afférentes au cylindre détendeur.

Des diverses données précédentes, il résulte :

$$n = 0^{m.cub},1791 \times 2^{kg},0940 = 0^{kg},3750;$$

Condensation de la vapeur $= 0^{kg},3803 - 0^{kg},3750 = 0^{kg},0053$ *pendant l'admission*, et, en tenant compte de la condensation dans la chemise de vapeur *par coup de piston*, abstraction faite de la perte due au refroidissement externe de la chemise
$$= 0^{kg},0053 + 0^{k},0386 = 0^{kg}.0439; \text{ ces deux chiffres correspondent l'un à } \frac{0,0053}{0,3803} = 1,4$$

p. 100 de la vapeur entrée au cylindre, et le second à $\dfrac{0,0439}{0,4159} = 1$ p. 100 de toute la vapeur sortie de la chaudière. Il importe de remarquer, en comparant les chiffres précédents avec ceux de l'*exemple* 2, n° XVII, et comme on en a prévenu au n° VI, que, dans les machines ordinaires, la chemise de vapeur, par son action totale, ne participe que pour une faible part à la prévention de la condensation totale pendant l'admission; tandis que dans la machine Woolf, c'est le contraire qui a lieu.

$$B = 0^{kg},0053 \times 506^{cal},78 = 2^{cal},69;$$
$$B' = 2^{cal},69 + h + h_1 - h_2;$$

comme il n'y a pas de détente propre au cylindre admetteur, $H' = H = 0$;

$$R = B' - H = 2^{cal},69 + h + h_1 - h_2;$$
$$R' = 2^{cal},69 + (h' + \eta') + (h'_1 + \eta'_1) - (h'_2 + \eta'_2) = 3^{cal},08 + (h' + \eta') - (h'_2 + \eta'_2).$$

Passons maintenant au cylindre *détendeur*. Les données convenant aux calculs relatifs à ce cylindre sont les suivantes :

$$\frac{\pi \widehat{D}^2}{4} \widehat{C} \times i + espace\ neutre = 0^{m.cub},7885, \text{ avec } \hat{\imath} = 0,950, \text{ correspondant d'ailleurs à}$$

l'avance à l'évacuation;

Détente définitive réelle (se confondant ici avec la détente au Woolf, car il n'y a d'expansion propre à aucun des deux cylindres) $= 4,4$;

$$n' = n = 0^{kg},3750; \quad \lambda' - A P' u' = \lambda - A P u = 463^{cal},28;$$
$$\widehat{P} = \widehat{P'} = 8\,370^{kg}; \quad \hat{t} = \hat{t}' = 94°,21; \quad \hat{d} = \hat{d}' = 0^{kg},4985; \quad \widehat{\lambda} - A\widehat{Pu} = \widehat{\lambda} - A\widehat{P'u'} = 500^{cal},90;$$

$$A(T'_d - T_d) = \frac{7093^{km},0}{425} = 16^{cal},69;$$

$$(\widehat{h_1} + \widehat{\eta_1}) = (\widehat{h'_1} + \widehat{\eta'_1}) = 0^{cal},86;$$

De là nous tirerons :

$\widehat{n'} = 0^{m.cub}7885 \times 0^{kg},4985 = 0^{kg},3931 > n$ et même que $N_0 a$, ce qui prouve qu'il y a *vaporisation* des particules liquides pendant la détente au Woolf. Cet effet est dû exclusivement à la chemise de vapeur; puisque dans l'exemple précédent il y avait eu au contraire condensation pendant cette période;

$$H'_1 \text{ (formule 14)} = 20^{cal},09;$$

$$\widehat{B} \text{ (formule 15)} = R' - 20^{cal},09 = 3^{cal},08 + (h' + \eta') - (h'_2 + \eta'_2) - 20^{cal},09$$
$$= -17^{cal},01 + (h' + \eta') - (h'_2 + \eta'_2);$$

$$\widehat{B'} \text{(formule 15 } bis) = -17^{cal},01 + (h' + \eta') - (h'_2 + \eta'_2) + \widehat{h} + \widehat{h_1} - \widehat{h_2};$$

Comme il n'y a pas de détente propre au cylindre détendeur, $\widehat{H'} = \widehat{B} = 0$;

$$\widehat{R} \text{ (formule 16)} = \widehat{B'};$$

$$\widehat{R'} \text{(formule 16 } bis) = (2^{cal},69 - 20^{cal},09) + (h' + \eta') + (\widehat{h'} + \widehat{\eta'}) + 0^{cal},39 + 0^{cal},86$$
$$- (h'_2 + \eta'_2) - (\widehat{h'_2} + \widehat{\eta'_2}) = -16^{cal},15 + (h' + \eta' + \widehat{h'} + \widehat{\eta'}) - (h'_2 + \eta'_2 + \widehat{h'_2} + \widehat{\eta'_2}).$$

Pour calculer la différence $(h' + \eta' + \widehat{h'} + \widehat{\eta'}) - (h'_2 + \eta'_2 + \widehat{h'_2} + \widehat{\eta'_2})$, reportons-nous aux valeurs ci-dessus de γ, de a et du poids de vapeur $0^{kg},0066$ consommé par le refroidissement externe de la chemise. Nous trouverons dès lors pour ladite différence $(0^{kg},0452 - 0^{kg},0066) \times 0,922 \times 506^{cal},78 = 0^{kg},0356 \times 506^{cal},78 = 18^{cal},04$.

Cela donnera :

$$R' = -16^{cal},15 + 18^{cal},04 = 1^{cal},89.$$

Nous aurons d'ailleurs :

$$Q_1 = 266^{cal},45;$$

D'où nous conclurons que :

1° $\dfrac{B}{Q_1} = \dfrac{2,69}{266,45} = 1,0$ p. 100 du calorique total dépensé, est cédé aux parois du cylindre admetteur;

2° $\dfrac{H' + H'_1 + \widehat{H}}{Q_1} = \dfrac{20,09}{266,45} = 7,5$ p. 100 dudit calorique, constituent la chaleur cédée en tout au fluide pendant les diverses détentes, qui se réduisent dans notre exemple à l'expansion au Woolf, cette cession étant d'ailleurs due à l'action de la chemise de vapeur;

3° $\dfrac{\widehat{R}}{Q_1} = \dfrac{1,89}{266,45} = 0,7$ p. 100 du calorique dépensé, représentent la chaleur perdue pendant la période d'évacuation tout à fait inutilement, c'est-à-dire sans compensation d'aucune sorte;

1° $\dfrac{\gamma'}{Q_1} = \dfrac{26^{cal},19}{266,45} = 9,8$ p. 100 du calorique dépensé, figurent la dépense de la chemise de vapeur;

5° $\dfrac{(h' + \eta' + h'_1 + \eta'_1 + \widehat{h'_1} + \widehat{\eta'_1} + \widehat{h'} + \widehat{\eta'}) - (h'_2 + \eta'_2 + \widehat{h'_2} + \widehat{\eta'_2})}{Q_1} = \dfrac{19,29}{266,45} = 7,2$ p. 100 du calorique en question, représentent l'échauffement intérieur dû à la chemise de vapeur et aux frottements des pistons, défalcation faite des refroidissements extérieurs.

Il nous reste à calculer l'augmentation de dépense de calorique, et, par suite, la perte due à l'intervention calorifique inévitable des parois des cylindres et aux chutes de pression entre ces récipients. En suivant la même marche que dans l'exemple 1 (n° XVI), nous aurons successivement :

$$Q_1 = 266^{cal},45; \quad Q = 235^{cal},65; \quad q' = 30^{cal},80;$$

Travail absolu produit réellement pendant les diverses détentes, lesquelles se réduisent dans le présent exemple à la détente au Woolf $= (T'_d - T_d) = 7093^{km},0;$

Travail adiabatique d'un poids n : a $= 0^{kg},4067$ *de vapeur saturée à* 0,922 *qui remplirait fictivement le cylindre admetteur à la fin de l'introduction, la détente définitive réelle étant de* 4,4 *et la température initiale de* 142° = [d'après la formule (34) du n° 7_6 des *Nouv. Mach. marines*] $9351^{km},0;$

$$\theta_d = 7093^{km},0 - 9351^{km},0 = -2258^{km},0 \; (^*); \quad (T''_d - \theta_d) = 12717^{km},4 + 2258^{km},0 = 14975^{km},4;$$

$$r = \frac{30,80}{266,45} + \frac{2258}{14975,4} \times \frac{235,65}{266,45} = 0,116 + 0,133 = 0,249 = 25 \text{ p. } 100;$$

$$r' = \frac{0,249}{1,249} = 20 \text{ p. } 100.$$

Enfin la consommation de vapeur sèche s'élevait à $9^{kg},23$ par heure et par cheval de 75^{km} sur les pistons, ce qui correspond (n° 5_1, *Nouv. Mach. marines*) à une dépense de $1^{kg},14$ de houille de bonne qualité.

N° XXII. Exemple 7. Cet exemple a pour but de donner une application de la formule (10). Il est emprunté à une expérience de M. Leloutre, sur une machine à vapeur sans chemise de vapeur, et mise à l'abri

(*) La note propre à l'exemple précédent convient ici, en remarquant que l'explication qu'elle renferme est présentement encore plus nécessaire; car cette fois, malgré la cession de chaleur faite par la chemise à la vapeur pendant sa détente au Woolf, le travail réalisé demeure encore plus faible que le travail adiabatique calculé par une formule unique pour la détente définitive (qui, du reste, se confond ici avec la détente au Woolf).

des fuites tant intérieures qu'extérieures. Voici les données de l'expérience :

$$N_0 = 0^{kg},1987; \quad \nu_1 \text{ négligeable}; \quad \gamma = 0; \quad n' = 0^{kg},1916; \quad t' = 87°,59;$$

$$t_1 = 30°,91; \quad \tau' = 16°,15; \quad N_1 = 7^{kg},7323; \quad A(T'_d - T''_d - c) = 3^{cal},71; \quad h_3 = 0^{cal},50.$$

On a d'ailleurs, d'après la table I de la fin du tome Ier des *Nouv. Mach. marines* $(\lambda' - Ap'u') = 468^{cal},37$.

Enfin, nous supposerons $C' = 1$.

Nous obtiendrons dès lors :

$$R' = 7^{kg},7323 \times (30°,91 - 16°,15) - 0^{kg},1987(87°,59 - 16°,15) - 0^{kg},1916 \times 468^{cal},37$$
$$- 3^{cal},71 - 0^{cal},50 = 5^{cal},99.$$

N° XXIII. Tableau synoptique des principaux résultats déduits de huit expériences, dont six appartiennent aux exemples précédents; et explications sur ce tableau. — Pour mettre le lecteur à même de saisir d'un seul coup d'œil les résultats les plus importants où nous ont conduit les applications de nos formules, nous donnerons le tableau suivant. Il est à peine besoin d'insister sur ce que les chiffres de ce tableau ne sont pas des chiffres de fantaisie; mais bien des nombres conclus d'essais, que la grande habileté et la haute autorité de M. Hirn, ainsi que le mérite des autres expérimentateurs qui ont participé ou procédé seuls à ces essais, mettent hors de contestation.

La comparaison des résultats de même espèce du tableau forme une base indiscutable à nos assertions du § 1er, en ce qui concerne le mode d'action et les avantages des chemises de vapeur, de la surchauffe et du fonctionnement au Woolf. Toutefois, pour la dépense par cheval, il importe de noter qu'il ne faut ici comparer entre elles que les machines qui sont marquées comme ne différant que par la chemise de vapeur. Cela tient à ce que ladite dépense, lorsqu'on passe d'un genre de machines à un autre, est influencée par les grandes différences dans l'étendue de la détente, eu égard d'ailleurs à la force en chevaux, d'une part, et, d'autre part, dans la contre-pression du condenseur, la plus ou moins bonne régulation des tiroirs et le plus ou moins d'étranglement de la vapeur dans ses conduits. Ainsi il est certain que le groupe de machines (3, 4) est très économique d'une manière absolue, en raison du peu d'étendue de l'expansion; ce groupe doit donc, sous les autres rapports, se trouver dans d'excellentes conditions. Au contraire le groupe (5, 6), qui n'a qu'une faible détente, présente, en dehors de cette circonstance, une consommation relativement exagérée, eu égard à l'emploi du Woolf; cette exagération doit tenir à des passages de vapeur trop étroits (comme le corroborent les deux notes accompagnant, nᵒˢ XX et XXI, les calculs afférents audit groupe), et en outre au manque de détente *propre* dans chaque cylindre. — Nous combattrons d'ailleurs, en passant, l'opinion trop absolue de divers auteurs, et en particulier M. de Hallauer, relativement à l'influence de la contre-pression sur la meilleure limite de détente à adopter pour obtenir la moindre dépense de vapeur par cheval de 75^{km} sur les pistons, soit le meilleur rendement calorifique. Car on est toujours libre de modifier, dans une certaine mesure, la contre-pression; et, en somme, ladite influence s'exerce réellement sur la dépense par cheval *sur l'arbre*, soit sur le rendement *industriel* (n° 5$_3$, *Nouv. Mach. marines*), à cause du rôle que joue le travail de la pompe à air, ou de la pompe de circulation avec les condenseurs à surface, dans la valeur de la contre-pression, eu égard à la quantité d'eau refroidissante employée qu'il y a à extraire.

En tout état de cause, il importe de rappeler que les bons compounds marins actuels avec sécheur et chemise de vapeur ne dépassent pas 8^{kg} de dépense de vapeur sèche, soit 1^{kg} de bonne houille, par cheval de 75^{km} sur les pistons et par heure, et cela avec des pressions aux environs de 5^{at} et des détentes au Woolf de 6 et au delà. D'ailleurs, grâce à leur mode même d'action (n° 14$_4$, *Nouv. Mach. marines*), perfectionné du reste par de la détente *propre* à chaque cylindre, ces machines ont une grande douceur de fonctionnement, d'où il résulte entre autres une extrême lenteur dans l'usure des organes, une garantie contre leurs avaries et une diminution de la dépense de graissage. Elles sont, en outre, presque complètement à l'abri des fuites intérieures à l'*user*, à cause de la différence relativement très restreinte entre les pressions simultanées sur les deux faces de chaque piston. C'est ce qui explique, on ne saurait trop le répéter, que lesdits compounds jouissent d'une si grande vogue dans les diverses marines tant commerciales que militaires, bien que, en se plaçant au point de vue exclusif de la consommation de combustible *au début*, et surtout *aux essais*, on puisse parvenir, comme l'usine Farcot notamment, à réaliser des machines *ordinaires*, qui tout en se réduisant au cylindre détendeur d'un Woolf de même force, soient aussi économiques grâce à de la surchauffe, à une bonne chemise de vapeur, un excellent vide, une parfaite distribution de la vapeur, etc. Tel est le point de vue auquel se placent aujourd'hui divers ingénieurs, et en particulier M. Hallauer (voir son mémoire du 30 janvier 1878 à la Société industrielle de Mulhouse) pour combattre l'emploi du Woolf, en fai-

Tableau servant à apprécier les effets complexes et nuisibles de l'intervention calorifique des parois des cylindres dans les machines à vapeur.

POUR VÉRIFIER LES *données* INTRODUITES DANS LES DIVERSES FORMULES QUI ONT FOURNI LES RÉSULTATS CI-APRÈS, SE REPORTER :

au tome II de la « Théorie mécanique de la chaleur, » de M. Hirn, édition de 1876. (colonnes 1 à 6) — aux « Expér. sur les machines Woolf, etc. » de M. Hallauer (1878) (colonnes 7 et 8).

		1	2	3	4	5	6	7	8
	Pages →	Pages 23, 24 et 27 à 30.	Pages 39 à 45.	Pages 24 et 30 à 33.	Pages 57 à 67.	Pages 46 à 50.	Pages 51 et 52.	Pages 33 à 38.	Pages 60 à 88.
Espèce de la machine		machine ordinaire,	même machine que la précédente,	machine ordinaire,	même machine que la précédente,	mach. Woolf, à un cylindre admetteur et un détend' côte à côte,	même machine que la précédente,	machine Woolf à un cylindre admetteur et un détendeur côte à côte,	Compound marin à un cylindre admet' et un détendeur côte à côte,
Indications sur l'enveloppe		sans chemise de vapeur.	avec chemise de vapeur.	sans chemise de vapeur.	sans chemise de vapeur, mais avec une surchauffe de 86°	sans chemise de vapeur.	avec chemise de vapeur aux deux cylindres.	avec chemise de vapeur aux deux cylindres.	avec chemise de vapeur aux deux cylindres.
Pression absolue à la chaudière en atmosphères (en nombre rond)		5^{at}	5^{at}	4^{at}	$4^{at},5$	4^{at}	4^{at}	5^{at}	$4^{at},3$
Force en chevaux de 75 kilogrammètres sur les pistons (en nombre rond)		$67^{ch},5$	99^{ch}	$129^{ch},5$	144^{ch}	106^{ch}	126^{ch}	256^{ch}	660^{ch}
Nombre de tours par minute		55^{t}	55^{t}	29^{t}	29^{t}	23^{t}	23^{t}	25^{t}	75^{t}
Détente *réelle*, c'est-à-dire en tenant compte de l'espace neutre. (Par ailleurs, pour les Woolf, la détente *définitive* s'entend du rapport entre le volume *définitif* que prend dans le détendeur le fluide fourni par la chaudière et le volume qu'occupe ce fluide dans l'admetteur à la fin de l'introduction propre de ce cylindre.)		13.7	9.1	3.9	3.9	4,4 (définitive) sans détente propre aux deux cylindr.	4,4 (définitive) sans détente propre aux deux cylindres.	7,5 (définitive) avec détente propre aux deux cylindres	4,8 (définitive) avec détente propre aux deux cylindres
Par coup de piston. 1° Dépense totale de chaleur, y compris le calorique dégagé par le frottement du ou des pistons en tenant compte de la chemise de vapeur, s'il y en a, et en supposant l'eau d'alimentation à 40°.	$Q_1 =$	$66^{cal},64$	$74^{cal},10$	$226^{cal},05$	$200^{cal},44$	$253^{cal},49$	$266^{cal},45$	$475^{cal},21$	$408^{cal},00$
2° Dépense totale à la chaudière, *évaluée* en kilogrammes de vapeur saturée sèche provenant d'eau à 40°.	$N =$	$0^{kg},1081$	$0^{kg},1154 + 0^{kg},0048$ p' la chemise.	$0^{kg},1701$	$0^{kg},3872$	$0^{kg},4136$	$0^{kg},2920 + 0^{kg},0429$ pour la chemise.	$0^{kg},6962 + 0^{kg},0791$ pour la chemise.	$0^{kg},6248 + 0^{kg},0405$ pour la chemise.
3° Dépense totale à la chaudière par cheval de 75 km. sur le ou les pistons et par heure. — en kilog. de vapeur saturée sèche.		$10^{kg},56$	$8^{kg},86$	$9^{kg},94$	$7^{kg},92$	$10^{kg},77$	$9^{kg},53$	$8^{kg},74$	$8^{kg},69$
— en kilog. de houille de bonne qualité.		$1^{kg},30$	$0^{kg},98$	$1^{kg},23$	$0^{kg},98$	$1^{kg},33$	$1^{kg},14$	$1^{kg},08$	$1^{kg},01$
Éléments servant à calculer Q et α'. Poids de fluide, suivant la proportion ci-après, remplissant, à la fin de l'admission, le cylindre supposé adiabatique.		$0^{kg},0455$	$0^{kg},0700$	$0^{kg},2597$	$0^{kg},2341$ de vap' surchauffée de 86°.	$0^{kg},4067$	$0^{kg},4067$	$0^{kg},6865$	$0^{kg},5962$
Température de la vapeur au commencement, et, plus ou moins sensiblement, aussi à la fin de l'admission.	$t =$	$132°$	$153°$	$141°$	$145°+86°$ de surchauffe.	$142°$	$142°$	$142°$	$137°$
Proportion de vapeur par kilogramme de fluide à l'entrée même dans le cylindre.		0.985	0.950	0.990	vap' surchauffée de 86°.	0.955	0.955	0.971	0.970
Q. de chal. *active* par coup de pist., si les parois de cyl. étaient adiabat.	$Q =$	$26^{cal},02$	$39^{cal},93$	$156^{cal},89$	$152^{cal},63$	$235^{cal},65$	$235^{cal},65$	$390^{cal},60$	$353^{cal},48$
	$Q_1 - Q = q' =$	$40^{cal},62$	$34^{cal},17$	$69^{cal},16$	$47^{cal},81$	$17^{cal},84$	$30^{cal},80$	$84^{cal},62$	$54^{cal},52$
Travail *effectif* de la vapeur par coup de piston.	$T''_d =$	$2.784^{km},8$	$4.006^{km},5$	$10.050^{km},0$	$11.141^{km},0$	$10.360^{km},0$	$12.717^{km},4$	$23.916^{km},0$	$20.639^{km},0$
Travail *absolu* de la vapeur réalisé pendant la détente, ou les diverses détentes pour les Woolf.	$\alpha =$	$2.422^{km},5$	$3.408^{km},5$	$6.732^{km},0$	$7.020^{km},0$	$4.698^{km},0$ (†)	$7.093^{km},0$ (†)	$17.843^{km},0$	$12.700^{km},0$
Travail *absolu* de la vapeur, réalisable pendant la détente, si elle était adiabatique. (Pour les Woolf, il s'agit ici de la détente *définitive*.)	$\alpha' =$	$1.803^{km},1$	$3.348^{km},2$	$3.705^{km},2$	$5.672^{km},5$ calculé par la méthode propre à la vap. surch.	$9.351^{km},0$	$9.351^{km},0$	$19.574^{km},2$	$14.842^{km},5$
	$\alpha - \alpha' = \theta_d =$	$+619^{km},4$	$+1.060^{km},7$	$+1.026^{km},2$	$+1.347^{km},5$	$-1.855^{km},0$	$-2.258^{km},0$	$-1.628^{km},2$	$-2.142^{km},5$
Augmentation de la consommation de vapeur, et par suite de combustible, résultant de l'intervention calorifique des parois ou des cylindres, et de plus pour les Woolf, des chutes de pression entre l'admetteur et le détendeur. — évaluée en *quantum pour cent* de la consommation *active* réalisable avec des parois de cylindre *adiabatique.*	$r =$	59 p. 100	27 p. 100	22 p. 100	12 p. 100	36 p. 100	25 p. 100	23 p. 100	21 p. 100
— évaluée en *quantum pour cent* de la consommation *réelle.*	$r' =$	32 p. 100	21 p. 100	18 p. 100	12 p. 100	26 p. 100	20 p. 100	19 p. 100	18 p. 100
De toute la chaleur dépensée, comprise la calorique dégagé par le frottement du ou des pistons moteurs. (3) *Quant. pour cent* cédée aux parois pendant l'admission, exclusivement par condensation de la vapeur introduite.	$\dfrac{B}{Q_1} =$	49 p. 100	24 p. 100	25 p. 100	11 p. 100	5,3 p. 100	4,0 p. 100	9,1 p. 100	3,7 p. 100
(4) *Quantum pour cent* restitué *en tout* à la vapeur pendant sa détente, ou aux diverses détentes pour les Woolf.	$\dfrac{H'}{Q_1}\left(\text{ou } \dfrac{H'+H'_1+H''}{Q_1}\text{ p' les Woolf}\right) =$	18 p. 100	31 p. 100	8,6 p. 100	1,5 p. 100	−0,7 p. 100 (†)	7,5 p. 100	14 p. 100	1,1 p. 100
(5) *Quantum pour cent* afférent au refroidissement total au cylindre pendant l'évacuation, et constituant une perte entièrement inutile, c'est-à-dire sans compensation d'aucune sorte.	$\dfrac{R'}{Q_1}\left(\text{ou } \dfrac{\widehat{R'}}{Q_1}\text{ p' les Woolf}\right) =$	29 p. 100	5,4 p. 100	16,4 p. 100	8,5 p. 100	12 p. 100	0,7 p. 100	1,6 p. 100	6,4 p. 100
(6) *Quantum pour cent* représentant la dépense de la ou des chemises de vapeur.	$\dfrac{Y'}{Q_1} =$		3,5 p. 100				9,8 p. 100	10 p. 100	6,1 p. 100
(7) *Quant. pour cent* représentant l'échauff' interne dû à la ou aux chemises de vapeur et au frottement de ou des pistons moteurs, déduction faite de l'influence des refroidissements extérieurs.	$\dfrac{(H'+H'_1+R'+R'_1)-(R'+R'_1)}{Q_1} =$ ou $\dfrac{\cdots}{Q_1}$ pour les Woolf.	−1,3 p. 100	+2,3 p. 100	−0,2 p. 100	−0,6 p. 100	+0,5 p. 100	+7,2 p. 100	+5,5 p. 100	3,9 p. 100

(1) Les valeurs de *r* relatives aux machines 5 et 6 sont différentes des nombres donnés par M. Hirn. Ces derniers nombres ont besoin d'être corrigés du travail de la contre-pression au cylindre détendeur pour fournir le travail *absolu* afférent à la détente entre les deux cylindres. Le savant ingénieur a eu l'obligeance de nous envoyer une évaluation de cette contre-pression, qui nous a permis d'effectuer la correction en question. — Dans tous les cas, lesdites valeurs sont notablement inférieures à α', à cause surtout des étranglements qui doivent exister dans les passages de vapeur entre les deux cylindres, ainsi qu'il a été expliqué aux exemples 5 et 6 (t. XX et XXI).

(†) Le signe — signifie que pendant la détente entre les deux cylindres la vapeur cède de la chaleur aux parois du détendeur, et ce, d'ailleurs, en plus grande quantité qu'elle n'en a reçue des parois de l'admetteur.

(3) D'après la formule qui donne la valeur de R' (ou R̂' pour les Woolf), la somme algébrique du premier et du dernier des divers *quantum pour cent* ci-dessus donnée doit être égale à la somme du second et du troisième (à quelques dixièmes près négligés).

sant d'ailleurs entrer en ligne de compte le coût des appareils et leur poids. Mais nous ne saurions les suivre dans cette voie, qui sera pleine de déboire pour ses promoteurs, à moins qu'il ne s'agisse de machines de terre soumises à des soins attentifs de chaque jour, et confiées à d'habiles conducteurs. Sinon, au bout de quelque temps de marche, et en service courant, la valeur économique des nouveaux appareils projetés, voire même leur solidité, *surtout s'ils fatiguent, comme à la mer,* ne tarderaient pas à disparaître, avec l'inévitable oblitération des conditions éphémères de leur bon fonctionnement aux essais. De son côté, le surcroît du coût d'établissement est très vite compensé par les économies *soutenues* de combustible et de graissage ; puis l'accroissement de poids est plus limité qu'il ne paraît au premier abord, attendu que si le Woolf entraîne en plus un cylindre admetteur, les pièces de transmission de mouvement y ont à subir des efforts *maximum* notablement moindres, et par suite peuvent être plus légères.

Nous ne saurions terminer cette importante discussion sans faire ressortir, comme intéressant à un haut point la philosophie des sciences appliquées, l'analyse minutieuse à laquelle il a fallu se livrer pour mettre en parfaite évidence le rôle *définitif* et *précis* du Woolf, rôle qui a été si longtemps débattu et incomplétement expliqué avant l'emploi de la thermodynamique expérimentale.

§ 4. — Diverses manières d'exprimer le poids de vapeur dépensé par coup de piston dans les machines à vapeur.

Cette question se trouve tellement liée avec l'ensemble du paragraphe précédent, qu'il est naturel de la traiter immédiatement à la suite, tout en nous réservant d'y revenir au n° 15$_6$ des *Nouv. Mach. marines,* au point de vue de la manière dont on l'envisage en pratique.

N° XXIV. Détermination du poids de vapeur à l'aide de l'eau d'alimentation et recherche du degré de siccité. — Eu égard à l'impossibilité d'apprécier les fuites au cylindre, tant intérieures qu'extérieures, la mesure du poids de vapeur exige sa détermination directe à la chaudière d'après le poids d'eau que fournit l'alimentation. Nous avons vu au n° 3$_9$ des *Nouv. Mach. marines* que cette détermination demande les plus grandes précautions, en particulier à cause de la nécessité de tenir compte de la variation du niveau à la chaudière

entre le commencement et la fin de l'expérience. D'ailleurs ce procédé implique que la vapeur soit bien sèche ou surchauffée à sa sortie
du générateur, ou sinon qu'on connaisse la proportion a de vapeur
sèche par Kg de fluide. On a la possibilité de déterminer cette quantité a, en recueillant dans un vase clos un certain volume de vapeur
au moment même de son entrée dans le cylindre. D'abord en pesant
le vase avant et après son remplissage, on a le poids du fluide considéré; puis en comparant ce poids avec celui correspondant au cas
où le vase serait rempli de vapeur saturée sèche à la pression dudit
fluide, évaluée avec un manomètre très sensible, on obtient évidemment le degré d'humidité de cette vapeur, et par suite a. M. Knigt a
imaginé un appareil *ad hoc* ($n° 68_6$, *Nouv. Mach. marines*) pour l'expérience précédente. Mais comme le poids du système *vide* est une fraction considérable de ce qu'il pèse plein du fluide voulu, la détermination de a demeure fort aléaloire. — M. Hirn emploie un calorimètre
complet pour la détermination dont il s'agit.

K étant le poids de fluide à la température t_0 introduit dans le calorimètre;
K' le poids initial de l'eau froide du calorimètre et de tout l'appareil ramené fictivement
à posséder la chaleur spécifique de l'eau;
T_1 la température du poids précédent avant l'introduction de K;
T_2 la température commune de K' et K à la fin de l'expérience;
λ_0 ayant la signification spécifiée dans la légende du $n° IX$.

Nous aurons évidemment :

$$Ka\lambda_0 + Kt_0 + K'T_1 = (K + K')T_2.$$

D'où :

$$a = \frac{K'(T_2 - T_1) - K(t_0 - T_2)}{K\lambda_0}.$$

Le poids K' se mesure le premier. Puis on détermine $(K + K')$,
dont on déduit K en soustrayant K'. Ces pesées devant être aussi rigoureuses que possible, il faut en principe les faire avec un hydrostat.

N° XXV. — DÉTERMINATION DU POIDS DE VAPEUR AU MOYEN DE L'EAU
DE CONDENSATION. — On peut substituer à la détermination précédente
du poids de vapeur d'après l'alimentation, sa mesure au moyen de
l'eau qui sert à la condensation, pourvu qu'on regarde les fuites *extérieures* comme négligeables. — Supposons-nous dans ce cas, et admettons d'abord qu'il s'agisse d'une condensation *par mélange*.

Considérons *toute la chaleur entrée dans le cylindre avec la vapeur de la chaudière*, au-dessus de celle que possède le fluide d'alimentation, augmentée algébriquement des actions calorifiques dues à
la chemise de vapeur au frottement du piston, et aux refroidissements extérieurs. Toute cette chaleur est évidemment égale à la

somme tant de l'équivalent calorifique du travail relatif à un coup de piston, que du calorique reçu par le condenseur, diminué toutefois de l'influence due au frottement du piston de la pompe à air, voire même de la chaleur apportée par les purges de la chemise de vapeur, si ces purges aboutissent au condenseur. D'ailleurs, la chaleur emportée par les fuites *intérieures* se retrouve dans l'eau de condensation ; et il n'y a pas, conséquemment, à se préoccuper de ces fuites.

Dans ce qui suit, nous devrons toujours avoir bien présent à l'esprit les légendes données aux n°s IX et XII. D'ailleurs, nous considérerons expressément le poids N_0 du fluide *entré au cylindre*, et qu'il ne faut pas confondre avec le poids $(N_0 + \varphi + \gamma + \varepsilon)$ sorti de la chaudière. Nous obtiendrons évidemment, d'après les explications précédentes et en négligeant l'influence des fuites *extérieures* :

$$N_0 a \lambda_0 + N_0 C'(t_0 - t_1) + (h' + \eta') + (h_1' + \eta_1') - (h_2' + \eta_2') = AT''_d + (N_1 - N_0 - \gamma)C' (t_1 - \tau') - \gamma C'(t_0 - t_1) - h_3.$$

De cette équation, on tire :

$$(17)\, N_0 = \frac{AT''_d + N_1 C'(t_1 - \tau') - \gamma C'(t_0 - \tau') - (h' + \eta') - (h_1' + \eta_1') + (h_2' + \eta_2') - h_3}{a \lambda_0 + C'(t_0 - \tau')}.$$

Dans le cas d'un condenseur à surface, on aurait :

$$(17\,bis)\, N_0 = \frac{AT''_d + \Pi C'(\tau - \tau') - \gamma C'(t_0 - t_1) - (h' + \eta') - (h'_1 + \eta_1') + (h'_2 + \eta'_2) - h_3}{a \lambda_0 + C'(t_0 - t_1)}.$$

Enfin, s'il s'agissait de vapeur surchauffée, il suffirait de corriger les *dénominateurs* des deux formules précédentes : 1° en faisant $a = 1$; 2° en les augmentant de $0,48\,(t'_0 - t_0)$.

La détermination du poids d'eau N_1 ou Π ne peut se faire que dans des expériences *ad hoc*. Dans le cas de surchauffe, tous les termes du second membre des formules sont connus. Mais dans l'hypothèse de vapeur saturée, il y a la valeur de a qui reste inconnue. On peut la déterminer directement, *valeat quod valeat*, comme il a été expliqué ci-dessus.

N° **XXVI.** AUTRE MODE DE RECHERCHE DU DEGRÉ DE SICCITÉ DE LA VAPEUR POUR LA DÉTERMINATION DU POIDS DÉPENSÉ. — La formule (17) ou (17 *bis*) résolue par rapport à la quantité a, fournit une méthode pour mesurer ladite quantité, pourvu qu'on joigne à la détermination *directe* de N_1 ou Π celle de N_0. Cette quantité a est alors donnée pour un condenseur à injection par la relation :

$$(18)\, a = \frac{AT'_d + N_1 C'(t_1 - \tau') - (N_0 + \gamma)C'(t_0 - \tau') - (h' + \eta') - (h_1' + \eta_1') + (h_2' + \eta_2') - h_3}{N_0 \lambda_0}.$$

Le dernier mode de procéder que nous venons d'exposer renferme la solution la plus rationnelle et la plus sûre de la recherche concomitante de N_0 et de a.

EXEMPLE. — Nous emprunterons comme application de ce procédé les données suivantes à une expérience de M. Leloutre relative à une machine sans enveloppe.

$$N_0 = 0^{kg},3576; \quad \gamma = 0; \quad AT''_d = 16^{cal},72; \quad t_0 = 143°,20;$$
$$N_1 = 7^{kg},2967; \quad t_1 = 43°,33; \quad \tau' = 17°,55;$$
$$(h' + \eta') = 0; \quad (h'_1 + \eta'_1) = 0,^{cal}30; \quad (h'_2 + \eta_2) = 2^{cal},85; \quad h_8 = 0^{cal},50.$$

D'ailleurs, la TABLE I de la fin du tome 1er des *Nouv. Mach. marines* donne $\lambda_0 = 505^{cal},65$; et nous ferons $C' = 1$.

Nous obtiendrons ainsi :

$$a = \frac{16^{cal},72 + 7^{kg},2967(43°,33 - 17°,55) - 0^{kg},3576 \times (143°,20 - 17°,55) - 0^{cal},30 + 2^{cal},85 - 0^{cal},50}{0^{kg},3576 \times 505^{cal},65} = 0,895.$$

Il nous reste à dire que s'il y avait des refroidissements dans le tuyau d'arrivée de vapeur et contre le dos du tiroir, s'il est à coquille, on calculerait par les règles de la calorimétrie la valeur de ces refroidissements, et l'on en déduirait la proportion de vapeur condensée y relative. Cette proportion combinée avec a donnerait le degré de siccité de la vapeur *à sa sortie* même de la chaudière.

N° XXVII. EXAMEN DES MOYENS PERMETTANT DE TIRER LE POIDS DE VAPEUR DE LA COURBE D'INDICATEUR SEULE. — Les modes précédents de détermination du poids de fluide N_0 qui entre dans le cylindre et de sa proportion a de vapeur sèche ne sont applicables qu'exceptionnellement; car ils exigent des expériences qui ne sont guère praticables en service courant. Il importe dès lors d'examiner les moyens permettant de tirer plus ou moins approximativement N_0 de la courbe d'indicateur seule. Par ailleurs, la quantité a aura toujours besoin alors d'être obtenue tant bien que mal par une expérience calorimétrique, ainsi qu'il a été expliqué ci-dessus, à moins que la vapeur ne soit soumise à l'action certaine d'un sécheur, et qu'on sache alors à priori que $a = 1$.

Ceci entendu, on est d'abord porté à se demander s'il n'y aurait pas possibilité d'apprécier la proportion a' de vapeur par Kg de fluide à un moment quelconque de la détente, ou au moins de reconnaître si celui-ci est sec à partir d'un certain point de l'expansion, en ayant recours à la considération de la forme de la courbe qui correspond, sur le diagramme, à la période de détente. Si une pareille conjoncture était réalisable, on déduirait $N_0 \times a'$, du volume occupé par le fluide et de la densité obtenue d'après la pression prise sur le diagramme. Puis du produit ainsi obtenu, on tirerait N_0.

Malheureusement, il est aisé de comprendre, d'après le n° 4_8 des *Nouv. Mach. marines*, que, toutes autres choses égales d'ailleurs, ladite forme dépend à la fois de la proportion d'eau et de vapeur existant dans le cylindre à la fin de l'introduction et des quantités de chaleur successivement cédées à la vapeur en expansion par les parois du cylindre, et la chemise, s'il y en a une. Il suit de là qu'à une même forme de courbe de détente, il peut correspondre bien des degrés différents d'humidité du fluide aux divers points de la courbe.

Toutefois on pourrait tracer ou déterminer l'équation de la ligne de détente correspondant, d'une part, à un degré d'humidité supérieur à celui qu'il y a lieu de supposer possédé par la vapeur à la fin de l'introduction, et, d'autre part, à un réchauffement proportionnel aux diverses fractions de course du piston, et capable d'amener la vapeur à siccité complète vers la fin d'une détente égale en étendue à celle que l'on considère. On verrait alors si la courbe du diagramme s'étend au-dessous ou au-dessus de la courbe fictive. Dans le premier cas, il y aurait doute. Mais, dans le second cas, qui du reste ne saurait évidemment se présenter qu'avec une chemise très active, on serait à peu près certain que la vapeur se trouvait sèche, soit saturée, soit surchauffée, à la fin de l'expansion, et par suite au commencement de l'évacuation. En pareille hypothèse, à l'aide du volume occupé par le fluide au *point* où l'on supposerait la vapeur *saturée* sèche et de la densité de celle-ci obtenue d'après la pression prise sur le diagramme, on calculerait, semblablement à ce qui a été dit ci-dessus, le poids N_0, étant tenu compte d'ailleurs de la portion de fluide remplissant l'espace neutre à bout de course, et abstraction faite des fuites.

Si le susdit *point* laissait de l'incertitude sur sa position exacte, on se contenterait de savoir que la vapeur est complètement sèche, saturée ou surchauffée, au commencement de l'évacuation. Car, en semblable conjoncture, la détermination du poids de vapeur peut au besoin s'effectuer par un procédé expliqué plus loin.

— Avant d'arriver à ce procédé, nous commencerons par examiner la question de la détermination de N_0 d'après le diagramme *seul* d'une manière générale, c'est-à-dire dans l'hypothèse où l'on ne peut posséder de donnée sur le degré d'humidité de la vapeur qu'à son entrée dans le cylindre, et aucunement à la fin, ainsi que pendant le cours de la détente.

Pour cela, comparons les quantités de chaleur Q_0 et Q', relatives l'une au commencement de l'introduction, l'autre à la fin de la détente. Nous aurons d'abord :

$$Q_0 - Q' = AT'_d + B - H' + b'.$$

Remplaçons Q_0 et Q' par leurs valeurs tirées des formules (1) et (2), en se gardant bien, afin de ne pas tomber sur une équation indéterminée, d'en faire autant pour B et H' déduites de leurs expressions respectives établies à la suite de ces formules. Nous trouverons l'équation importante :

$$(19) \qquad N_0 = \frac{AT'_d + n'(\lambda' - Ap'u') + n_0 C't' + (B - H' + b')}{a\lambda_0 + C'(t_0 - t')}.$$

Dans le cas de vapeur surchauffée, on aurait :

$$(19\ bis) \qquad N_0 = \frac{AT'_d + n'(\lambda' - Ap'u') + n_0 C't' + (B - H' + b')}{\lambda_0 + C'(t_0 - t') + 0,48\,(t_0' - t_0)}.$$

Notons que les formules (19) et (19 *bis*) peuvent être appliquées à un moment quelconque de la détente, en y introduisant au numérateur les valeurs voulues pour les divers termes (sauf évidemment pour B) qui conviennent à ce moment, au lieu de se rapporter à la fin de l'expansion.

La formule (19) ou (19 *bis*) permettrait d'obtenir rigoureusement le poids N_0 de fluide consommé au cylindre, si l'on connaissait a, B, b' et H'. Le terme a peut à la rigueur s'apprécier tant bien que mal, par l'expérience calorimétrique susrelatée. D'ailleurs il est connu *à priori*, car il vaut 1, dans le cas fréquent aujourd'hui où la vapeur est séchée, voire même bien surchauffée, à sa sortie de la chambre à vapeur de la chaudière. Mais il n'en est plus de même des quantités B et H'. Ces quantités ne sauraient en général se déterminer qu'à l'aide des formules (3) ou (4), (5) ou (6) et (7) ou (8 *bis*). Or ces formules supposent que N_0 est connu. Toutefois nous verrons plus loin qu'il y a parfois moyen de connaître (B — H'). Enfin on n'est jamais à même de connaître b', c'est-à-dire l'action des fuites. Non seulement cette action varie avec chaque régime de marche de la machine, mais plus encore avec l'état d'entretien de celle-ci. — En tout état de cause, en faisant $a = 1$ dans la formule (19), ou encore $t'_0 = t_0$ dans la formule (19 *bis*), on obtient la consommation de fluide au cylindre dans un fonctionnement avec vapeur humide, ramenée à un poids de vapeur sèche exigeant la même dépense de calorique.

Dans l'hypothèse de machines Woolf, l'une ou l'autre des formules précédentes (19) ou (19 *bis*) convient au cylindre *admetteur*. D'autre part, pour rendre la formule (19) applicable au cylindre *détendeur*, il faut : 1° prendre pour AT'_d la somme du travail effectif dans le cylindre admetteur et du travail absolu opéré dans le cylindre détendeur jusqu'au commencement de l'évacuation ; 2° calculer $\widehat{n'}$ pour ce même commencement ; 3° remplacer au numérateur par le total $(\widehat{B} - H'_1 + b' + \widehat{b'})$, celui de même espèce qui y existe. En appliquant les formules qui nous occupent à la fois au cylindre admetteur et au cylindre détendeur, on obtient deux équations où en somme il n'y a d'inconnues que les quantités N_0 et a, pourvu qu'avec des fuites négligeables, on se trouve d'ailleurs dans les conditions voulues, ci-après spécifiées, pour connaître le dernier terme de chaque numérateur. Dans ces conjonctures, on est à même, pour les machines Woolf, de tirer des diagrammes seuls N_0 et a.

En principe, la consommation normale doit se rapporter au cas où il y a peu ou point de fuites ; et on doit, avant de relever des diagrammes destinés à mesurer N_0, s'assurer, selon les procédés rappelés en note au n° XV, s'il existe des fuites, auquel cas il faut autant que possible y remédier. Au surplus, la comparaison du résultat obtenu avec ceux réalisés aux essais peut fournir des indications sur l'importance des fuites.

En supposant celles-ci négligeables et a suffisamment déterminé, il n'y a plus d'inconnu, pour déduire N_0 d'un diagramme, que la différence $(B - H')$. Or il y a quelques cas particuliers où cette quantité peut être appréciée *à priori* : c'est d'abord quand la pression de la fin de la détente est égale à celle du condenseur ; puis aussi lorsque le cylindre ne renferme que de la vapeur sèche au début de l'évacuation, ce dont il y a moyen de s'assurer dans une certaine mesure, comme il a été expliqué plus haut. Nous avons vu, en effet, au n° XII, qu'en pareilles conjonctures, on a :

$$(B - H') = -\rho - h' - h'_1 + h'_2.$$

Or les termes ρ, h'_1, h'_2, du second membre sont susceptibles d'être déterminés, comme il a été expliqué dans la légende du n° IX. D'ailleurs ils sont le plus souvent négligeables. Mais h', qui peut être assez notable, ne saurait s'évaluer que *grosso modo*, ainsi qu'il a été dit dans la même légende.

M. Ledoux, dans sa brochure citée au n° I, a basé sur le premier des cas qui nous occupent tout un système de détermination de N_0 connaissant a, ou *vice-versâ*. Mais ce système n'a pas le degré de généralité que lui prête son promoteur; car celui-ci admet implicitement que dans ledit cas $(B — H')$, dont il n'a pas saisi la signification entièrement rigoureuse, a sa valeur qui se réduit toujours simplement à $— \rho$. Or ceci d'abord n'est pas exact; et en second lieu ladite valeur ne peut se calculer que *grosso modo*, quand il y a une chemise de vapeur. Quoi qu'il en soit, M. Ledoux propose deux moyens pour ramener toujours les choses fictivement au cas où la différence $(B — H')$ est nulle selon lui, et selon nous prend l'expression susspécifiée. — Le premier moyen proposé consiste, sans rien changer à l'expansion, à augmenter la pression au condenseur jusqu'à ce qu'elle devienne égale à celle de la fin de la détente, ou à diminuer cette dernière pression en restreignant celle d'admission. Ce moyen est inacceptable; car il est manifeste que les conditions de refroidissement du cylindre pendant l'évacuation sont alors totalement changées. — Dans le second des moyens en question, on *extrapole* (*) la courbe de détente; et l'on prend sur la portion de courbe extrapolée le point où la tension est égale à celle du condenseur. Puis, on substitue le diagramme fictif ainsi obtenu au diagramme réel; et on détermine N_0 d'après ce diagramme fictif, ainsi qu'il a été expliqué ci-dessus. On voit, avec un peu de réflexion, que le second moyen dont nous venons de nous occuper est acceptable, mais sous la condition, non prévue par M. Ledoux, où il n'existe pas de chemise de vapeur, et d'ailleurs, en supposant que h_1 et h'_2 sont de faible valeur, et par suite n'ont pas le besoin exprès d'être modifiés pour être mis en harmonie avec l'extrapolation.

— Toujours dans l'hypothèse où il n'y a pas de fuites, c'est-à-dire où $b' = 0$, si l'on se trouve dans le cas susspécifié de $(B — H')$ se réduisant à peu de chose, on voit, d'après l'équation (19), que $N_0 \times a$, qui est la partie du fluide introduit formée de vapeur sèche et qu'il importe surtout de connaître, se réduit approximativement à n'. D'abord, en

(*) Rappelons que l'*extrapolation* d'une courbe consiste à tracer cette courbe à la règle pliante, à l'aide de points connus, mais n'appartenant pas à la portion qu'on veut se procurer, et qu'on obtient en prolongeant la ligne passant par lesdits points. Il est plus rigoureux de procéder par le calcul, et de trouver une équation générale de la courbe. Dans ce dernier mode de procéder, on suppose à l'équation une forme donnée en harmonie avec ce qui a lieu communément dans le cas considéré, telle que $PV^\alpha = P_0 V_0^\alpha$ (n° 7₅, *Nouv. Mach. marines*) dans notre cas; et la valeur moyenne de la ou des constantes (telles que α dans notre exemple) qui entrent comme paramètres dans l'équation, se détermine à l'aide des coordonnées desdits points connus de la courbe. — Quand ces points font partie de la portion de courbe dont on veut se servir, il y a *interpolation*.

effet, la différence positive entre AT'_d et $n'AP'u'$ est généralement peu élevée, surtout quand le poids n' est afférent au moment de la détente où ce poids est maximum, et par suite aussi $n'P'u'$, car $P'u'$ est sensiblement constant pour de faibles variations de la pression. En second lieu, cette différence, augmentée du reste de $n_0C't'$, tend à être compensée par la supériorité du dénominateur sur λ'.

Il est intéressant de remarquer que la valeur de n' pour ledit moment n'est sensiblement autre que la dépense de vapeur sèche donnée par le procédé Labrousse, c'est-à-dire correspondant au produit maximum pendant la détente du volume du fluide (qui diffère peu de $n' \times u'$) par sa pression absolue P' (n°s 15_6 et 68_4 des *Nouv. Mach. marines*). La discussion précédente met dès lors à même d'apprécier le degré d'approximation de ce procédé. Il est en particulier acceptable pour les machines Woolf avec chemise de vapeur, en l'appliquant au cylindre admetteur. Mais c'est toujours sous la réserve expresse que les fuites de diverses sortes sont négligeables.

— Pour exprimer N_0, on peut, au lieu de se servir de n', qui correspond à un moment quelconque de la détente, avoir recours à n calculé à la fin de l'introduction. On a alors, en remarquant que AT_d est exactement égal à $nAPu$, la formule :

$$(20) \qquad N_0 = \frac{n\lambda + n_0C't' + B + b}{a\,\lambda_0 + C'(t_0 - t')}.$$

Dans le cas de vapeur surchauffée, il vient :

$$(20\ bis) \qquad N_0 = \frac{n\lambda + n_0C't' + B + b}{\lambda_0 + C'(t_0 - t') + 0,48\,(t_0' - t_0)}.$$

La quantité n diffère bien plus de $N_0 \times a$ que n'. La différence provient surtout de B, c'est-à-dire de la chaleur cédée aux parois pendant l'admission, qui ne se trouve pas ici plus ou moins compensée par H', et qui, sauf le cas de forte surchauffe ou de fonctionnement au Woolf, a toujours une valeur importante, qu'il y ait ou non chemise de vapeur. On voit d'après cela à quelle erreur on s'expose, en général, en prenant $N_0 \times a = n$ déduit de l'indicateur. D'ailleurs les rectifications à faire subir à n d'après la formule (20) ou (20 *bis*) pour avoir rigoureusement $N_0 \times a$ ne sont point pratiquement faisables, particulièrement à cause de l'impossibilité de connaître la valeur de la quantité B, qui est elle-même fonction de N_0.

— Dans tous les cas, les diverses valeurs de la dépense de vapeur fournies par les différents procédés que nous venons d'examiner ne tiennent compte ni des pertes φ par refroidissement, que subit le fluide dans son parcours de la chaudière au cylindre et par son contact contre le dos du tiroir s'il est à coquille, ni de la dépense ε occasionnée par les extractions du générateur quand il s'en fait, ni de la consommation γ de la chemise de vapeur.

N° XXVIII. Prévision de la dépense de vapeur. — Pour prévoir $N_0 \times a$ dans une machine à construire, on a pris pendant longtemps $N_0 \times a = n$, en posant d'ailleurs :

$$n = \left(\frac{\pi D^2}{4} C \times i + espace\ neutre \right) \times d,$$

d étant appréciée d'après la valeur présumée de la pression d'introduction de la vapeur.

Ce procédé est en général inacceptable, d'après ce qui a été expliqué il n'y a qu'un instant. En l'employant, on s'expose à des erreurs pouvant atteindre 50 p. 100 de la véritable valeur cherchée. — L'usage de n' à la fin de la détente ou avec sa valeur maximum serait, en principe, bien moins erroné. Mais sa détermination *à priori* pour une machine en projet, exige qu'on connaisse d', et par suite la pression *présumée* à la fin de la détente, ce qui est une nouvelle cause d'inexactitude. Aussi, pour la prévision qui nous occupe, l'empirisme le plus complet règne aujourd'hui. En réalité, les constructeurs n'ont aucun procédé efficace concernant la prévision certaine de la consommation de vapeur; et pour les appareils à construire, ils sont obligés de la conclure de la dépense de combustible de machines similaires et du pouvoir vaporisateur des chaudières, pouvoir dont la détermination rigoureuse laisse encore bien à désirer, mais qui est néanmoins appréciable sans trop d'erreur par des expériences *ad hoc* sur chaque type de générateur (n° 5, *Nouv. Mach. marines*).

Quelques ingénieurs, M. Dupuy de Lôme, entre autres, se servent, pour la prévision de la dépense de vapeur d'une expression de la forme ci-après, qui suppose d'ailleurs que la vapeur est fortement séchée à la sortie de la chaudière :

$$(24) \qquad N = \left(\frac{\pi D^2}{4} \times C \times i + espace\ neutre \right) \times d \left(1 + \frac{kp}{iC} \right).$$

p représente, en *Kg* par *c. m. c.*, l'effort *moyen* sur les pistons qui sert à calculer la force indiquée;

k un coefficient qu'on détermine expérimentalement, sur des appareils déjà construits, pour chaque système de machine et suivant les différents régimes de marche qu'on peut avoir à considérer.

Les autres lettres ont les mêmes significations que dans la légende du n° IX; et en particulier d représente la pesanteur spécifique de la vapeur relative à la pression supposée pour l'introduction.

Le terme $\dfrac{kp}{iC}$ est ici destiné à tenir compte des pertes par fuites et refroidissements de toutes sortes, déduction faite du poids de fluide n_0
restant dans l'espace neutre à la fin de la compression. Du peu d'expériences qui ont été faites jusqu'ici par M. Huin, ingénieur aux forges
et chantiers de la Méditerranée, $k = \dfrac{1}{27}$ dans les *grandes* machines
avec chemise de vapeur en bon état. Dès que l'étanchéité des pistons
ou des tiroirs laisse à désirer, k augmente beaucoup. Toutes choses
égales d'ailleurs, ce coefficient paraît diminuer avec la puissance de
la machine. Pour des appareils de 300[ch], il atteindrait 0,90 de $\dfrac{1}{27}$;
pour 200[ch], 0,66 de $\dfrac{1}{27}$; pour 50[ch], 0,25 de $\dfrac{1}{27}$.

Au surplus, pour avoir la dépense totale de la chaudière, il reste à
ajouter à N de la formule (21) la dépense de vapeur afférente : 1° à
l'alimentation de la chemise de vapeur, s'il y en a une ; 2° au refroidissement du fluide, depuis le générateur jusqu'à la boîte à tiroir ; 3° aux
extractions au générateur, s'il s'en fait.

— On trouvera dans le tableau ci-joint une application sur divers
exemples des différents moyens sus-mentionnés, propres à apprécier plus ou moins exactement la dépense du fluide dans les machines à vapeur.

§ 5. — Expression analytique du rendement calorifique des machines à vapeur, permettant d'apprécier l'influence des diverses circonstances qui agissent sur le régime économique de ces machines.

N° XXIX. Formule thermodynamique du rendement calorifique
des machines a vapeur. — Pour l'appréciation que nous avons en
vue, nous ne considérons que le rendement calorifique ; car les autres
rendements économiques, tels que (n°ˢ 5_2 et $_3$ des *Nouv. mach. marines*) le rendement spécifique et la consommation de combustible par
cheval et par heure, sont affectés de la même manière par les circonstances dont il s'agit. En tout état de cause, pour l'expression à
trouver, on doit considérer surtout des quantités de chaleur, et éli-
miner autant que possible tout travail de la vapeur ; car l'évaluation *a priori* de ces sortes de travaux ne peut se faire sans préjuger
la forme du diagramme correspondant à un coup de piston.

Comparaison numérique, pour plusieurs appareils, des diverses manières d'exprimer le poids de vapeur dépensé dans les machines à vapeur.

D'après l'expression générale du rendement calorifique de toute machine à feu (n° 5_2 des *Nouv. Mach. marines*), nous pouvons poser, en nous reportant d'ailleurs au n° XIII :

$$(22) \quad \textit{Rendement calorifique d'une machine à vapeur} = \frac{(Q+q) - Q'}{(Q+q)},$$

les lettres Q et q ayant les significations explicitement rappelées à l'endroit que nous venons de signaler, et Q' représentant la portion de la quantité $(Q+q)$ qui se trouve consommée : 1° par le condenseur, y compris la chaleur que cède l'intérieur du cylindre pendant l'évacuation, et celle que développe le refoulement de la vapeur s'évacuant; 2° par les refroidissements extérieurs; 3° par les fuites tant intérieures qu'extérieures.

Nous recommanderons, pour ce qui va suivre, d'avoir présent à la mémoire la légende générale du n° IX. D'ailleurs nous représenterons par :

v_0 la quantité de calorique à défalquer de la dépense totale de chaleur, pour tenir compte de ce que (VII, n° 8_k des *Nouv. Mach. marines*) la vapeur de la chaudière qui sert à remplir l'espace neutre donne lieu pour sa production, par rapport à celle qui s'introduit derrière le piston à mesure qu'elle le pousse, à une certaine diminution de calorique. Pour chaque Kg de remplissage, cette diminution serait, entre autres, représentée par le terme bien connu $A\mathrm{P}_0 u_0$ si ledit espace était absolument vide au moment où il communique avec la chaudière. Mais comme il n'en est jamais ainsi, v_0 est en principe plus ou moins inférieur audit terme.

Dès lors, on a manifestement :

$$(Q + q) = (N_0 + \gamma)[a\lambda_0 + C'(t_0 - t_1)] - v_0 + (h_1' + \eta_1');$$

et dans le cas de vapeur surchauffée :

$$(Q + q) = (N_0 + \gamma)[\lambda_0 + C'(t_0 - t_1) + 0,48(t_0' - t_0)] - v_0 + (h_1' + \eta_1').$$

Si la chemise de vapeur évacuait dans la chaudière, comme cela a lieu quelquefois, on devrait faire subir aux deux relations précédentes une légère modification, que le lecteur trouvera facilement. Par ailleurs, dans les machines Woolf, il faudra évidemment ajouter au deuxième membre desdites relations la quantité $(\widehat{h}_1' + \widehat{\eta}_1')$, qui se rapporte au cylindre détendeur.

D'un autre côté, en bien réfléchissant à la signification ci-dessus de Q', et en se reportant au n° XII, on obtient :

$$Q' = n'(\lambda' - A\mathrm{P}'u') - v_1(\lambda_1 - A\mathrm{P}_1 u_1) + N_0 C'(t' - t_1) + A(T'_d - T''_d - c)$$
$$+ R' + b' + (h'_2 + \eta'_2).$$

Il conviendra, du reste, de se rappeler que dans les machines Woolf, le second membre de cette équation se rapporte à l'évacuation du cylindre *détendeur*, et que $A(T'_d - T''_d - c)$ représente le travail de la contre-pression dans ce cylindre pendant la période d'évacuation. De leur côté, les refroidissements extérieurs se rapporteront ici aux deux cylindres, et devront dès lors être représentés par $(h'_2 + \eta'_2) + (\widehat{h'_2} + \widehat{\eta'_2})$.

Dans tous les cas, l'expression de Q' peut se simplifier, eu égard à ce que $A(T'_d - T''_d - c)$ est sensiblement égal à $\left(n' \times \dfrac{P_1}{P'} - \nu_1\right) \times AP_1 u_1$.

Nous nous rappellerons d'ailleurs, comme au n° XIII, la définition rationnelle adoptée au n° 5_2 des *Nouv. Mach. marines* pour le rendement calorifique. Dans ce rendement, le dénominateur doit comprendre toute la dépense de calorique nécessitée par l'accomplissement de chaque cycle; de son côté, le numérateur est l'expression calorifique du travail dynamométrique extérieur produit par cycle. Nous aurons dès lors, tout calcul fait et quel que soit le condenseur :

(23)   *Rendement calorifique d'une machine à vapeur saturée*

$$= \frac{(N_0 + \gamma)a\lambda_0 + N_0 C'(t_0 - t') + \gamma C'(t_0 - t_1) - \nu_0 - n'\left(\lambda' - AP'u' + A\dfrac{P_1^2}{P'}u_1\right) + \nu_1\lambda_1 - R' - b' + (h'_1 + \eta'_1) - (h'_2 + \eta'_2)}{(N_0 + \gamma)[a\lambda_0 + C'(t_0 - t_1)] - \nu_0 + (h_1' + \eta_1')} ;$$

(23 *bis*)   *Rendement calorifique d'une machine à vapeur surchauffée*

$$= \frac{(N_0 + \gamma)[\lambda_0 + 0,48(t_0' - t_0)] + N_0 C'(t_0 - t') + \gamma C'(t_0 - t_1) - \nu_0 - n'\left(\lambda' - AP'u' + A\dfrac{P_1^2}{P'}u_1\right) + \nu_1\lambda_1 - R' - b' + (h'_1 + \eta'_1) - (h_2' + \eta_2')}{(N_0 + \gamma)[\lambda_0 + C'(t_0 - t_1) + 0,48(t_0' - t_0)] - \nu_0 + (h_1' + \eta_1')}.$$

On devrait, à la rigueur, accroître $(N_0 + \gamma)$ de la quantité φ, destinée à tenir compte du refroidissement de la vapeur dans son parcours de la chaudière au cylindre et par son contact avec le dos du tiroir, s'il est en coquille. Mais cela compliquerait les formules sans aucune utilité pour leur discussion générale ci-après. Une remarque analogue est à faire, comme au n° XIII, pour le calorique concernant le travail de la pompe alimentaire, dont il faudrait, pour ne rien négliger, corriger haut et bas lesdites formules.

N° XXX. Application numérique de la formule précédente (23). — Nous allons donner des applications numériques de la formule (23) pour les deux cas extrêmes renfermés dans les divers *exemples* exposés aux n°ˢ XVI à XXI, c'est-à-dire pour une machine ordinaire sans chemise de vapeur (n° XVI), et pour une machine Woolf avec chemise de vapeur (n° XXI).

Pour la première machine, nous aurons :

$$N_0 = 0^{kg},1122; \quad \gamma = 0; \quad a = 0,955; \quad t_0 = 152°,14; \quad \lambda_0 = 499^{cal},24; \quad v_0 \text{ négligeable;}$$
$$n' = 0^{kg},0668; \quad v_1 = 0^{kg},0013; \quad t' = 80°,95; \quad t_1 = 40°; \quad P' = 5010^{kg},0; \quad (\lambda' - AP'u') = 511^{cal},45; \quad P_1 = 2\,066^{kg},8;$$
$$\lambda_1 = 564^{cal},35; \quad AP_1 u_1 = 36^{cal},76; \quad R' = 19^{cal},29; \quad (h'_1 + \eta'_1) = 0^{cal},40; \quad (h'_2 + \eta'_2) = 1^{cal},25.$$

Nous supposerons d'ailleurs v' négligeable.

Au moyen de ces données, nous trouverons :

Rendement calorifique

$$= \frac{0^{kg},1122[0,955 \times 499^{cal},24 + (152°,14 - 80°,95)] - 0^{kg},0668\left(511^{cal},45 + 36^{cal},76 \times \dfrac{2066^{kg},8}{5010^{kg},0}\right) + 0^{kg},0013 \times 564^{cal},35 - 19^{cal},29 + 0^{cal},40 - 1^{cal},25}{0^{kg},1122[0,955 \times 499^{cal},24 + (152°,14 - 40°)] + 0^{cal},40}$$

$$= \frac{61^{cal},48 - 35^{cal},18 + 0^{cal},73 - 20^{cal},14}{66^{cal},08 + 0,^{cal},40} = \frac{6^{cal},89}{66^{cal},48} = 0,104.$$

Pour la seconde machine susmentionnée, nous aurons :

$$N_0 = 0^{kg},4125; \quad \gamma = 0^{kg},0452; \quad a = 0,922; \quad t_0 = 141°,68; \quad \lambda_0 = 506^{cal},78; \quad v_0 \text{ négligeable;}$$
$$\widehat{n'} = 0^{kg},3931; \quad \widehat{v_1} \text{ négligeable;} \quad \widehat{t'} = 94°,21; \quad P' = 8370^{kg},0; \quad (\widehat{\lambda} - A\,\widehat{P}\,\widehat{u'}) = 500^{cal},90; \quad P_1 = 3100^{kg},2,$$
$$t_1 = 35°; \quad A\,\widehat{P_1}\,\widehat{u_1} = 37^{cal},47;$$
$$R' = 1^{cal},89; \quad (h'_1 + \eta'_1) + (\widehat{h'_1} + \widehat{\eta'_1}) = 0^{cal},39 + 0^{cal},86; \quad (h'_2 + \eta'_2) + (\widehat{h'_2} + \widehat{\eta'_2})$$
$$= 0^{kg},0066 \times 0,922 \times 506^{cal},78 = 0^{cal},31.$$

Nous négligerons d'ailleurs b'.

Nous obtiendrons de la sorte :

Rendement calorifique

$$= \frac{\begin{array}{c}(0^{kg},4125 + 0^{kg},0452)0,922 \times 506^{cal},78 + 0^{kg},4125(141°,68 - 94°,21) + 0,0452 \\ (141°,68 - 35°) - 0^{kg},3931\left(500^{cal},90 + 37^{cal},47 \times \dfrac{3100^{kg},2}{8370^{kg},0}\right) - 1^{cal},89 + 0^{cal},39 + 0^{cal},86 - 0^{cal},31\end{array}}{(0^{kg},4125 + 0^{kg},0452)[0,922 \times 506^{cal},78 + (141°,68 - 35°)] + 0^{cal},39 + 0^{cal},86}$$

$$= \frac{238^{cal},26 - 202^{cal},36 - 1^{cal},89 + 1^{cal},25 - 0^{cal},31}{262^{cal},69 + 1^{cal},25} = \frac{34^{cal},95}{263^{cal},94} = 0,132.$$

N° XXXI. APPRÉCIATIONS QUI DÉCOULENT DE LA FORMULE (23). — L'expression (23) ou (23 *bis*) permet de se livrer à l'appréciation en vue explicitée dans le sommaire du présent paragraphe ; car on en déduit les remarques suivantes :

1° Le terme R' du numérateur indique la partie principale de la correction que subit le rendement calorifique par suite du *non-adiabatisme* des parois du cylindre et des fuites. Le complément de cette correction se trouve renfermé dans $(h'_2 + \eta'_2)$ et dans le cinquième terme en n' du numérateur, qui dépend évidemment du calorique, soit positif, soit négatif, cédé à la vapeur pendant l'expansion.

2° L'influence des fuites se fait sentir sur le terme b' du numérateur, qui diminue à mesure que celles-ci augmentent; et par suite cette influence réduit le rendement.

3° L'influence de l'élévation de pression se traduit par la présence des quantités λ_0 et $C' t_0$ au numérateur et au dénominateur, dont l'ensemble constitue la chaleur totale de vaporisation, laquelle augmente avec la pression. La formule (23) ou (23 *bis*), qui donne toujours des résultats plus petits que 1, montre évidemment que, toutes choses égales d'ailleurs, le rendement calorifique croît avec ladite chaleur totale, et par suite avec l'élévation de pression.

4° L'influence du degré d'expansion, pour une même valeur de N_0 et de a, se fait sentir principalement sur le cinquième terme du numérateur. En général, plus elle est grande, plus la quantité $(\lambda' - Ap'u')$ est petite, en même temps que, toutes choses égales d'ailleurs, le poids n' varie peu, à cause de l'influence calorifique des parois du cylindre pendant la détente. Par suite, le rendement croît en général avec le degré d'expansion. Il croîtrait bien davantage encore si les parois étaient adiabatiques; car, en pareil cas, la quantité et le poids précédents diminueraient beaucoup plus. Mais, loin d'en être ainsi, dès que ce degré dépasse un certain point, il réagit sur la perte R' qu'il augmente *relativement*, surtout (n° XII) quand on emploie une chemise de vapeur ou de la surchauffe; et le bénéfice résultant du terme en question s'annihile bientôt par ce fait. Le rendement calorifique se met alors à diminuer, contrairement à l'opinion qui a longtemps prévalu de l'accroissement incessant de ce rendement avec l'étendue de la détente. Aussi y a-t-il, en général (n° 9₂, *Nouv. Mach. marines*), un degré d'expansion donnant dans chaque cas le rendement maximum, et qui se trouve souvent au-dessous du point adopté indûment par certains constructeurs, et *à fortiori* au-dessous du point voulu par le cycle de Carnot (n° 8₂, *Nouv. Mach. marines*). — Nos formules montrent bien par ailleurs, comme nous l'avons annoncé au n° XXIII, que la contre-pression P_1 n'a pas une influence forcée, pour le rendement calorifique, sur l'étendue du degré de détente; car on peut la diminuer à mesure que l'expansion augmente; et alors elle influe (n° 9₂, *Nouv. Mach. marines*) sur le rôle de cette étendue sous le rapport du rendement *industriel*, en raison de sa corrélation avec le refroidissement à produire au condenseur, et par suite avec le travail de la pompe à air, ou de la pompe de circulation si le condenseur est à surface. En d'autres termes, la contre-pression est particulièrement subordonnée au meilleur degré de refroidissement du condenseur, discuté en 8° ci-après.

5° L'influence de la chemise de vapeur (n° IV) se fait sentir principalement sur la quantité R'. Elle la diminue, quand elle est *suffisamment active* ; mais, en même temps, elle tend à augmenter $n'(\lambda' - \mathrm{A}\mathrm{p}'u')$, ce qui réduit le bénéfice résultant de la diminution de la quantité R', et même l'annule quand son action calorifique devient *trop énergique*. Par ailleurs, cette même quantité, au lieu d'être réduite, peut croître avec la présence d'une chemise, si celle-ci est *insuffisamment* active.

6° L'influence de la surchauffe est en partie de même nature que celle de l'élévation de la pression indiquée en 3° ci-dessus. En d'autres termes, elle se traduit d'abord par l'augmentation que subit le rendement, eu égard à la présence du terme $0{,}48\,(t'_0 - t_0)$ haut et bas. Mais cette influence résulte surtout de l'action particulière de la surchauffe sur R', qu'elle diminue sans d'ailleurs accroître bien sensiblement $n'(\lambda' - \mathrm{A}\mathrm{p}'u')$.

7° L'influence du fonctionnement au Woolf sur le rendement est de même espèce que cette dernière action particulière. — Toutefois, si, par suite d'imparfaites proportions tant des conduits de communication de l'admetteur au détendeur que du réservoir intermédiaire, et par suite aussi du manque de détente propre à chacun des cylindres, il y a, entre ces récipients, une trop forte chute de pression, la vapeur à la fin de l'expansion au cylindre détendeur se trouve (n° 7_{11}, *Nouv. Mach. marines*) moins humide et moins refroidie qu'elle ne le devrait être ; et par suite la quantité $n'(\lambda' - \mathrm{A}\mathrm{p}'u')$, afférente audit cylindre, possède une plus grande valeur qu'il ne convient. Les avantages dudit fonctionnement sont dès lors compromis, comme il a déjà été expliqué au n° VI. Ils le sont en outre, pour le même motif, par de mauvaises dispositions dans la distribution et la circulation mêmes de la vapeur (n° VIII). Enfin quand il y a un trop grand réservoir intermédiaire, on perd encore à cause de l'accroissement qui en résulte pour les termes de la formule relatifs aux refroidissements extérieurs.

Il résulte de 6° et 7° que l'association du Woolf et de la surchauffe est des plus efficaces pour améliorer le rendement calorifique dans les conditions où il se présente par suite de l'intervention thermique des parois du cylindre. Toutefois, comme cette efficacité n'est pas suffisante pour réduire autant que possible R', on est obligé d'adjoindre aux deux procédés en question l'usage de la chemise de vapeur, qui fait encore gagner un peu, défalcation faite de la réduction due à son influence sur le terme $n'(\lambda' - \mathrm{A}p'u')$. — Il importe toutefois de rappeler que la surchauffe appliquée à une machine mal agencée dans ses détails peut non seulement manquer complètement son effet, mais même occasionner une augmentation de dépense (n° VII). Il pourait en être de même pour la chemise de vapeur, sans compter (n° IV) que son activité ne doit être ni *insuffisante* ni *trop énergique*, sous peine de compromettre l'efficacité du système.

8° Le degré de refroidissement du condenseur se fait sentir sur les termes en $(t_0 - t_1)$ et en $\mathrm{A}p_1 u_1$, le premier de ces termes augmente avec ce degré, tandis que le second diminue. Mais le premier se trouvant avec le signe $+$ au numérateur et au dénominateur, tandis que le second se trouve au numérateur seul avec le signe $-$, ils agissent l'un et l'autre pour que le rendement calorifique croisse avec ledit degré, sans préjuger de l'influence de ce degré sur le rendement *industriel*, eu égard au surcroît de travail de la pompe à air, ou de la pompe de circulation si le condenseur est à surface. Nous avons bien vu, au n° 6, des *Nouv. Mach. marines*, que la température la plus avantageuse pour le condenseur était de 40°; mais ce n'est là qu'un chiffre convenant à une certaine moyenne de conditions, et par suite susceptible d'être varié plus ou moins notablement selon les circonstances. — En tout état de cause, l'accroissement de rendement avec ledit degré de refroidissement est restreint, et peut même être plus que annihilé par l'augmentation avec ce degré du terme en R'. En pareil cas, il peut être avantageux de maintenir la température du condenseur au-dessus du chiffre qui, à première vue, semblerait le plus naturel, ainsi qu'on en a déjà prévenu au n° III.

9° L'effet de l'espace neutre sur le rendement calorifique se fait sentir dans les termes en v_0, en convenant expressément (VII, n° 8, *Nouv. mach. marines*) d'apprécier la perte due à cet espace par la comparaison de deux cylindres de même volume et renfermant le même poids de même vapeur à la fin de l'introduction. Nos formules montrent bien que la perte en question, entendue de la seule manière rationnelle que nous venons d'indiquer, est beaucoup moindre que ne le prétendent la plupart des auteurs. — De son côté, l'influence de la compression est représentée par les termes en v_1, combinés avec les termes en v_0, en raison de la diminution que subissent ces derniers termes à mesure que la compression augmente. — Dans les machines Woolf, les termes en v_0 se rapportent au cylindre admetteur, et les termes en

v_1 au cylindre détendeur. Il s'ensuit que la compression dans le cylindre admetteur ne se manifeste dans nos formules que par son action sur v_0. De son côté, l'effet de l'espace neutre du détendeur, ainsi du reste que l'effet du réservoir intermédiaire, ne se font sentir en dernière analyse que sur les modifications plus ou moins secondaires que leur existence fait subir aux termes en n'. — Si l'on voulait pousser plus loin l'investigation, on verrait aisément sur quels termes réagissent les avances à l'évacuation et à l'introduction; mais cela n'offre pas d'intérêt.

10° La vitesse de rotation, comme il a été dit au n° III, a de l'influence sur le rendement calorifique; car, toutes autres choses égales d'ailleurs, la quantité R' diminue évidemment avec le nombre de tours à la minute.

11° L'étranglement de la vapeur par le registre se fait évidemment sentir, en fin de compte, sur les deux mêmes quantités que la détente, à savoir : sur $(\lambda' - \text{A}p'u')$ et sur n'. Mais cet effet est fort complexe : il commence à se manifester d'une manière *directe* dès l'arrivée du fluide dans le cylindre, en desséchant ou surchauffant la vapeur; puis il se continue d'une manière *indirecte* pendant l'expansion plus ou moins réduite, que l'on associe à son emploi. — Il est impossible de rien préjuger, *à priori*, sur le résultat final qu'il procure.

— Les considérations précédentes ne sont toutefois que des *à peu près*. Pour pouvoir établir *analytiquement* l'influence particulière sur le rendement calorifique des chemises de vapeur, de la surchauffe, du fonctionnement au Woolf, etc., il faudrait se trouver en mesure de calculer *à priori* n' et λ' ainsi que R' dans chaque circonstance. En se mettant d'ailleurs dans l'hypothèse où il n'y a pas de fuites, et où conséquemment les quantités de l'espèce b' sont nulles; sans quoi, la question se trouve, à vrai dire, indéterminée. Pour la prévision des deux quantités n' et λ', on pourrait avoir recours à la formule (8), après qu'on aurait tiré v de la formule (8 *bis*). Cela exigerait qu'on puisse évaluer n, ce qui est faisable, et de plus qu'on connût H'; cette inconnue pourrait se déduire de la formule (9) au moyen de B' et de R, dernière quantité dont la connaissance *directe* nous est du reste nécessaire afin d'avoir R'. Mais pour déterminer *à priori* B' et R, il faudrait connaître la puissance d'absorption ou d'émission de chaleur des parois mises en contact avec de la vapeur plus chaude ou en communication avec un milieu plus froid, eu égard d'ailleurs : 1° aux différences de température des

corps en présence, différences variables pendant la durée du phénomène; 2° au réchauffage extérieur subi par les parois dans le cas
d'une chemise de vapeur. Or il n'existe que peu ou point de données
de l'espèce permettant de traiter le problème. Ainsi, entre autres, les
indications fournies au n° II, à propos des règles 1°, 2°, 3° et 4°,
sont évidemment insuffisantes.

N° XXXII. ÉTAT DE L'ÉTUDE PHYSIOLOGIQUE DES MACHINES A VAPEUR.
— En résumé, les considérations diverses que nous venons d'exposer
permettront d'apprécier, avec plus de netteté qu'on ne le faisait jusqu'à présent, la véritable manière dont influent sur le rendement calorifique la pression, le degré d'expansion, les chemises de vapeur,
la surchauffe, le fonctionnement au Woolf, les espaces neutres, la
compression, le réservoir intermédiaire des machines Woolf, le
degré de refroidissement du condenseur, la vitesse de rotation et
l'étranglement de la vapeur par le registre. C'est un pas de plus
de fait dans une question qui a soulevé tant de controverses dans
ces dernières années, et qui en somme constitue l'étude *physiologique* des machines à vapeur.

Cette élimination montre aussi combien peu sont fondées les prétentions de quelques ingénieurs qui, dans ces derniers temps, se
sont signalés dans des expériences de thermodynamique sur les machines à vapeur. A les en croire, ils seraient en mesure de poser des
conclusions presque *mathématiques* sur le fonctionnement des machines à vapeur, grâce à une douzaine d'essais environ qu'ils ont exécutés, il est vrai, avec le plus grand soin, et analysés intelligemment
suivant une méthode analogue dans sa généralité, sinon dans ses détails, à celle qui constitue l'ensemble de notre présente étude. Ainsi,
ils se disent à même de *spécifier* d'une manière absolue : 1° les conditions de maximum et d'égalité de rendement dans l'emploi isolé ou
concomitant de chemise à vapeur, de surchauffe, de marche au
Woolf, avec réservoir intermédiaire plus ou moins volumineux;
2° l'influence exacte du degré de détente, de l'étranglement de la
vapeur, des espaces neutres, de la compression, etc.

D'autre part, ces mêmes ingénieurs, pleins de leur sujet et se cantonnant dans la spécialité de leurs travaux, font de l'étude du fonctionnement des machines à vapeur deux théories distinctes, l'une
générique, reposant sur l'hypothèse de l'adiabatisme des parois des
cylindres; l'autre *pratique*, ne relevant que des recherches purement expérimentales. Ils recommandent d'ailleurs de la manière la

plus expresse de bien se garder de faire un mélange hétérogène des deux théories.

A ces prétentions, nous objecterons d'abord qu'il n'est pas possible de tirer des *conclusions définitives* d'une douzaine d'essais entrepris sur des appareils, qui, en dehors bien entendu de leurs différences comme mode de fonctionnement de la vapeur, ne présentaient entre eux aucune similitude au point de vue de la distribution et des conduits de vapeur, de la position et de l'agencement du condenseur, de l'économie géométrique de l'ensemble et des détails de l'appareil. On ne se laisse plus aller à de telles illusions, quand on a une vingtaine d'années d'expériences dans les machines à vapeur, et qu'ayant eu sous les yeux, non plus une douzaine, mais des centaines d'essais d'appareils marins, on a pu apprécier que de nombreuses machines de même type, fonctionnant à tous les points de vue de la même façon, donnent des résultats proportionnels qui ne concordent jamais qu'à 10 et 15 p. 100 près.

En second lieu, la théorie pratique dont il s'agit se borne à des indications très vagues, qui ne constituent ni règles ni doctrines.

En résumé, les expériences de ces dix dernières années, exécutées d'après la thermodynamique expérimentale, ont montré, dans la mesure du possible, la véritable interprétation à donner aux diverses particularités du fonctionnement des machines à vapeur. Elles ont fait de plus ressortir les erreurs considérables commises en faisant usage des formules employées jusqu'à ce jour pour la *prévision* du diagramme de travail et de la dépense de vapeur dans les machines. Elles ont, par suite, consacré, pour cette prévision, la méthode par comparaison avec des machines similiaires déjà construites et soumises à des essais soignés. Cette méthode, pratiquée depuis longtemps par les bons constructeurs, se trouve exposée en détail dans les notes qui précèdent la collection des tableaux de dimensions et d'essais d'une foule d'appareils, que renferment les atlas de nos traités des *Appareils à vapeur de navigation* et des *Nouvelles Machines marines*.

Enfin l'interprétation susmentionnée permet justement, et malgré les anathèmes des systématiques, d'établir entre la thermodynamique pure et la thermodynamique expérimentale une liaison consistant à introduire dans les formules voulues des termes à valeur variable avec le type et la grandeur de chaque machine, destinés à tenir compte des indications de la pratique, de la même manière que les coefficients de frottement, de raideur des cordes, etc., ont été combinés avec les relations de la dynamique pure, pour constituer les formules de la mécanique appliquée.

— Au lieu d'établir la discussion précédente sur le rendement calorifique, il eût été certainement préférable de la faire rouler sur le *rendement industriel* (n° 5$_3$, *Nouv. Mach. marines*), ou plutôt sur son *inverse*, abstraction faite de l'utilisation du combustible par la chaudière. Il aurait suffi pour cela, d'après IX, n° 8$_5$ des *Nouv. Mach. marines* : 1° de multiplier le numérateur de la formule (23) ou (23 *bis*), par un coefficient constant, plus petit que 1, correspondant à la partie des résistances de frottement, qui est proportionnelle au travail sur les pistons ; 2° d'introduire ensuite audit numérateur un terme *négatif* figurant, d'une part, l'équivalent calorifique du travail engendré par la pression destinée à tenir compte de la partie desdites résistances qui est indépendante de l'ensemble du travail produit par le piston, et, d'autre part, le travail consommé par les diverses pompes de l'appareil. — L'existence du premier facteur n'eût évidemment rien changé à la discussion. En revanche, l'introduction du terme négatif aurait dû être prise en considération, eu égard à son influence sur le degré de détente le plus économique.

Mais en opérant ainsi nous aurions compliqué outre mesure une question déjà fort complexe en elle-même ; et nous avons cru plus utile d'étudier à part et d'une manière spéciale (n°^{os} 9$_2$ et 14$_1$, *Nouv. Mach. marines*) l'influence dudit terme négatif sur l'expansion, en même temps que nous examinerons toutes les circonstances qui concourent à fixer l'étendue de celle-ci, donnant le rendement industriel maximum.

FIN.

PARIS. — IMPRIMERIE ARNOUS DE RIVIÈRE, RUE RACINE, 26.

www.ingramcontent.com/pod-product-compliance
Ingram Content Group UK Ltd.
Pitfield, Milton Keynes, MK11 3LW, UK
UKHW020014100726
13658UKWH00002B/951